U0049475

SENTIMENTS
et
COUTUMES

ANDRÉ MAUROIS

安德烈・莫洛亞
傅雷——譯

人生五大問題

法國傳記文學大師剖析
愛情、教養、友誼、社會與幸福的奧祕

目次 Content

作者序——

從生活中尋找人生的解答

本書包括五篇演講，保留其演說式的文字風格比較自然。我會以最具體、最簡單的方式，對若干主要的人生問題發表己見。配偶、家庭、國家等究竟對生活有什麼影響，便是本書準備探討的議題。因此，在探索這些議題時，應該基於事實，先討論人類在各種環境中的生活狀況。法國哲學家孔德說過：「理論上的智慧當與靈巧的生活知識融合在一起。」本書即以這個原則來展開討論。

第一章　愛情與婚姻

婚姻是建立在人性上的制度

在此人事劇變的時代，若將人類的行動加以觀察，便可感到一種苦悶無能的心情。好似群眾犯了一樁巨大的謬誤。大家都一起犯錯，也都想修正，而實際上，還是莫名其妙地受著謬誤的行動所影響。

普遍的失業、災荒、人權被剝奪還有公開殺人，生長在前幾代的人，似乎已經從這些古代的災禍中解放出來了。五十年來，西方民族曾避免掉這種最可悲的災禍。為何我們這時代又要看到混亂與暴政重新抬頭呢？這悲劇的原因之一，我認為是近代國家把組成社會纖維的基本細胞破壞了。

原始的共產時代結束以後，文明社會的母細胞究竟是什麼呢？在經濟體系中，母細胞是耕田的人藉以餬口度日的小農莊，如果沒有親自餵豬、養牛、飼雞與割麥的農人，國家便不能生存。美洲正是一個悲慘的例子。它有最完美的工廠、最新式的機器，結果呢？一千三百萬人失業。為什麼？因為這些機器太複雜，變得不可思議了。人的精神追隨不上它們的動作了。

美國並非沒有農人，但其農莊巨大無比，主人難以支配。堆積如山的麥和棉，教人怎能猜得到，這些山會一下子變得太高了呢？小農家有數千年的經驗，當前的需求已經設想好了。每一群自給自食的農人都確知自己的需求，遇著豐年，農作物賣得掉，那麼就可以買新衣、外套以及牛車。遇著歉收，身外物的購買減少些，但至少有得吃，可以活命。

人民以簡單的本能統治初級社會，聯合起來便形成穩重的機軸，調節著國家的行動。經濟本體如此，社會本體亦是如此。改革家想建造新社會時，會以別種情感來代替親情，例如國家主義、革命情懷、軍人或勞工的同袍情誼等。

每隔一段時間，家庭必改組一次。從柏拉圖到法國作家紀德等知識分子，都在詛咒家庭，卻無法銷毀它的存在。思想家攻擊家庭、貶低它的價值，但人民的精神卻恐慌起來，和經濟恐慌一樣不可避免。人類總是在「男女的交往」中尋找感情，有如向土地乞取糧食一般。

無論是誰，凡是想統治人類，必得把「原始本能」這大概念時時放在心上，它是社會有力的調節器。最新的世界，必須建立在饑餓、欲望、母愛等等本能上，方能穩固長久。思想與行動的連結最難達成，而無思想的行動就沒有人性。不承擔現實的重量，思想就會自由，不顧困難也要前進。在現實的疆域之外，我們能在腦海中建立起美妙但虛幻的王國，想像財富重新分配，還要改造習俗，解放愛情，但現實沒有那麼容易撼動。

不論是政治家或道德家，都沒辦法全面改造國家，正如外科醫生不能重造身體組織。他們的責任在於釐清當前的局勢，創造有利的條件，以恢復環境或身體的健康。他們都得顧及大自然的法則：生命有韌性、堅強又有力，它具有神祕的力量，能重新構造已死的細胞。

在此，我們想討論幾千年來的幾項制度，它們使人類不至墮入瘋狂與混亂的狀態。先從婚姻說起。

英國詩人拜倫有言：「人生太悲慘了；既不能和女人一起過生活，也不能過沒有女人的生活。」他用這一句話適當地點出了夫妻的相處問題。既然男人不能沒有女人，那什麼制度才有助於他和女人一起生活？是一夫一妻制嗎？

有史以來的這三千年，人類對於結婚問題爭論不斷，擁護或反對的論據都有。法國作家拉伯雷（François Rabelais）把這些意見彙集起來，收錄在他的小說《巨人傳》中。

巨人巴汝奇向父親龐大固埃徵詢關於結婚的意見，龐大固埃答道：「既然你擲了骰子，就等於下了指令，已有堅毅的決心，那麼再也不要多說，去實行便是。」

「是啊，」巴汝奇說：「但沒有獲得你的忠告和同意之前，我不願實行。」

「我同意，」龐大固埃答道：「也勸你最好這樣做。」

「可是，」巴汝奇說：「就你的評估，如果保留現狀對我最好，不要翻什麼新花樣，那我寧願不要結婚。」

「那麼，你便不要結婚。」龐大固埃答道。

「是啊，但是……」巴汝奇說：「可是，你要我終生孤獨沒有伴侶嗎？所羅門王說過：『孤獨的人是不幸的。單身的男子永遠沒有幸福，只有結婚的人才快樂。』」

「天啊！你結婚便是。」龐大固埃答道。

「但……」巴汝奇說：「如果我生病了，就不能履行婚姻的義務。妻子看到我憔悴的樣子，一定會很不耐煩，就看上別人去了。更糟的是，她不但不來救我，還會在急難中嘲笑我的災禍！她還可能盜取我的東西，那是最常見的惡行。這麼一來，我的人生豈不是完了嗎？」

「那麼你不要結婚便是。」龐大固埃回答。

「不過……」巴汝奇說：「那我將永沒有傳宗接代的兒女。我希望，我的姓氏和爵位永遠都有人繼承下去。我還想把遺產和各種利益留給他們。」

「那麼天啊，你結婚便是。」龐大固埃回答。

同樣地，在英國詩人雪萊的時代，男人也難以控制欲望。他們情感上自由不羈，所以無法與人永久地結合，走入婚姻。雪萊寫道：「光憑法律就能統禦搖擺不定的情欲嗎？它能增強人的意志力，去壓抑天性中不由自主的感情嗎？愛情必然滋生於魅惑與美貌中，一旦被阻抑，便死滅了。愛情真正的元素唯有自由；服從、嫉妒和恐懼都跟它對立。它是最精純、最圓滿的情感。沉浸在愛情中的人互相信賴，毫無保留地平起平坐，一同生活。」

一百年後，英國作家蕭伯納重新提起這問題。他說，女人總想要結婚，而男人只是勉強忍受。他在劇作《人與超人》中寫道：

我對女人們傾訴的話，雖然受眾人指責，但卻給我帶來婦孺皆知的聲名。她們總是說，要大方又體面地談戀愛，她們才會接受。為何要有這種限制？我推敲後才懂，她們的意思是，如果她有錢，我應當一同分享；如果她沒有，我就把自己的財產貢獻給她。我應該欣賞她的朋友及其談吐，直到我老死。對於所有別的女人，我都不得正眼覷視。

對此種種，我始終爽直地回答，我一點也不做不到。女人的聰明才智若配不上我，那麼她的談吐會使我厭煩，跟她來往的人會令我不堪忍受。我亦不能擔保我一星期後還能維持感情，更不必說終生了。我的回答不是為了回應她們的要求，只是出於我對女人的本能與衝動而已。

由此可見，反對結婚的人其核心論點就是，此種制度之目的，在於保存本性中容易消失的感情。畢竟，肉體的愛是和饑渴一樣，都是天性與本能，但永恆的愛卻不是。對於一般人來說，肉欲的對象必須有變化。那麼，為何約束終生的誓言又有何用呢？

有些人認為，結婚會減低男人的勇氣與道德力量。英國作家吉卜林在《凱芝巴族的歷史》中寫道，凱芝巴大尉為了當好丈夫而變成壞軍官。拿破崙曾言：「多少男子犯罪，只因為他們對女人示弱！」法國總理白里安（Aristide Briand）堅稱，政治家永遠不應當結婚：「事實證明，在艱難的歷程中，我能長久保持清明的意志，是因為在奮鬥了一天之後，晚上我能忘記一切。在我的身旁，沒有野心勃勃又愛嫉妒的妻子，老是和我提起我的同僚有多成功，或告訴我有人說我的壞話……這是孤獨者的力量。」婚姻加厚了一重障蔽，社會因此更加癲狂，男子也變得更懦怯。

教會一方面贊成結婚比找情婦好，卻又讚揚獨身之偉大，還限令傳教士必須要遵守。倫理學家屢言，再也沒有比哲學家結婚更可笑的事了。即令他能擺脫情欲，可不能擺脫他的配偶。即使妻子比丈夫聰明，上面那種論點還是成立，畢竟反對結婚的人說：「夫妻的生活水準，總依著兩人中較為庸碌的那一方。」

以上就是對婚姻制度的批評，而且非常有力。但事實上，數千年來，經歷了多少政治、宗教與經濟的騷亂與劇變，婚姻依舊存在，還不斷演化，沒有被消滅。我們接下來會試著瞭解，它所以能久存的緣故。

出於生存本能，人類會利用他人來保障自己的舒適與安全。因此，要馴服這種天生的自私性格，必得要有一種相等而相反的力量。在部落或氏族相聚而成的簡單社會中，團體生活的色彩還很強烈，所以有些人天生喜歡遊牧漂泊，便是為了尋求自由。

但疆土愈廣，國家愈安全，個人的自私性格即愈明顯。在如此悠久的歷史中，人類能建造如此廣大而複雜的社會，只依靠和生存本能同等強烈的兩種本能：性與母性。社會必須由小團體組成，利他主義才能容易實現；唯有透過欲望或母性，利他主義才有機會流露出來。

英國作家勞倫斯（D.H.Lawrence）在《無意識的幻想》（*Fantasiaofthe Unconscious*）中寫道：「愛的主要優點，在於能把個人宇宙化。」

人在性本能上那麼容易更換對象，又如何能建立持久的社會細胞呢？唯有愛，我們才能在幾天內變得有包容心，和自己喜歡的男人或女人共同生活。不過，源頭的欲望不會消滅生活的基礎嗎？解決方案的新元素便在於此，正所謂「婚姻是建立在本能之上的制度。」人類以前過著游牧生活，後來才走入穩定的夫妻生活。但我們有種奇妙的本能，雖然會為了欲望而隨口發誓，但之後就會受此誓言的拘束。

我們亦知道在文明之初，所謂婚姻並非如今日的樣貌，那時有母系社會、多妻制及一妻多夫制等。但隨著時間的推移，那些原始的婚姻形式永遠消失了。我們學會訂立契約，以擔保婚姻的持久性，也懂得保護女性，避免她們受別的男人欺凌。此外，我們還會保護幼兒、奉養老人。分層別類的社會組織終於成形，而當中的第一個細胞正是夫妻。

沒有完美的婚姻，而關鍵在於承諾與堅持

蕭伯納筆下的唐璜說：「社會組織與我何干？我在意的只有自身的幸福以及個人的人生價值，即在永遠有機會實現『如童話般的未來』。欲望和快樂能不停地更新，生活毫無束縛。」

那麼，隨心所欲的自由是否為幸福必不可少的條件？享有此種生活，比他人更幸福、更自由嗎？勞倫斯在《戀愛中的女人》寫道：「情聖卡薩諾瓦與詩人拜倫能有那樣的人生，不是出於本能，而是為了惱怒世人，所以發揮想像力，去激發自己的天賦。如果唐璜之輩只依著欲望行事，就會找不到理想的配偶。」

唐璜並非不知廉恥，他其實是多愁善感的悲觀主義者。勞倫斯寫道：「唐璜自幼受教育要成為詩人、畫家與音樂家，故他心目中的女子亦是藝術家也會欣賞的典型。他在世界各地尋訪藝術家所描寫的女人：她們有輕盈美妙的身體，晶瑩純潔的皮膚，個性溫柔、身段綺麗，舉手投足都十分迷人。她們所說

的每句話都很可愛，總是觀察入微，想法又細膩。」換一種說法，像唐璜這樣的風流男子，即使對女性不忠實，那也並非他的本意，而是因為找不到像他心目中所想像的完美女子。

拜倫也在世界各地尋訪他理想中的典型女子：個性溫柔、天真又賢淑，有羚羊般的眼睛，善解人意，身材豐滿又貞潔。他說：「這個女子應該聰明到懂得欽佩我，但不致聰明到想要受人欽佩。」只要遇到令他開心的女人，他就誠心希望對方當他的愛人，成為他小說中的女主角、女神。等兩人認識較深，他發現對方和其他人一樣，受到動物性所支配，性情亦隨著健康而變動。他最憎厭看到女人飲食，但對方總會肚子餓。她羚羊般的眼睛，也會因為嫉妒而變得十分兇悍。於是如唐璜一般，拜倫選擇逃避。

但逃避不能解決問題。婚姻會令人難以忍受，是因為背後有許多難題（爭執、嫉妒以及莫名的歧見），而且每對配偶都要面對。自由選擇的婚姻並不自由。匈牙利音樂家李斯特和達古伯爵夫人那麼欣賞彼此，但還是以分手收場。

而在小說《安娜・卡列尼娜》中，安娜偕佛倫斯基私奔，但後者覺得那比蜜月還難熬、言行更受束縛，因為他的情人怕要失去他。夫妻間許多的言語、動作和舉止，在婚姻生活中無關緊要，但對熱戀的情侶來說，卻令人焦慮。因為他們之間沒有任何交流，彼此都想著這可怕的念頭：「是不是玩完了？」

佛倫斯基或拜倫都相信，唯有忍心放手，方得解脫。他們應當逃走。但唐璜並非狠心的人，為了逃避情人，也為了不使她傷心，他只好勉強自己去土耳其從軍。拜倫感受到婚姻的痛苦，但還是希望挽回妻子的心，以求社會再接受他。相戀的男人和女子若因為種種原因不得不和社會斷絕關係，都會感到非常痛苦，尤其在不能離婚的國家。

因為這個緣故，唐璜和他的情人都發現，還是在婚姻中彼此才有機會成長，以達到圓滿的關係。在愛情萌芽的初期，欲望使彼此互相欣賞、互相瞭解。但若沒有任何制度去支撐這種關係，兩人第一次失和時，便有分手的危險。所以法國哲學家阿蘭（Alain）說：「在所有的伴侶關係中，唯有婚姻歷時愈久、承諾愈堅定。」

結了婚的男子，若婚姻生活幸福，就會更瞭解女人，因為他的妻子幫助他瞭解女性的想法，故他對於人生的觀念，較之唐璜更深切更正確。

唐璜所認識的女子只有兩種：一是敵人，二是理想的典型。法國作家蒙泰朗（Henryde Montherlant）在《獨身者》一書中，詳細描寫道，孤獨生活的人無拘無束，對於現實世界非常愚昧，宇宙觀也很狹隘，「有如一個繫著鬆緊帶的球，永遠會彈回到原地」。不過，像巴爾札克、司湯達、福樓拜和普魯斯特等法國作家，雖然獨身，但想法並不天真可笑，也沒有自私或怪僻的性格，但凡庸的獨身者便避免不了這些缺點。藝術家是特例，他們一生的時光大半消磨於想像的世界中，因此不受現實律令所拘束，且因為有創作的需求，所以本能得朝別的方向發展。

英國作家赫胥黎說：「英國三個最偉大的詩人：雪萊、布萊克和彌爾頓，都想實行一夫多妻制。這聽來雖然有點奇怪，卻不令人驚異。出於才華與絕對的主見，藝術家不由自主地以為，自己的第一要務是對於藝術的責任，關心其他事，便是失職，除非它實在特別重要。」

姑且撇開他們不論，對於一般人來說，除了婚姻，試問究竟如何才是解決問題的辦法？漫無節制的放縱嗎？的確有一小部分的男女試著在其中尋求幸福。現代許多作家也描繪過這群人物。可惜的是，研究他們的生活模式後，你會發覺那既可怕又悲慘。恣意放縱的人不願承認，欲望是強烈而擺脫不掉的情緒。機械地複製快樂，能令人暫時忘掉絕望的心情，如鴉片或威士忌那樣。但情感絕非出於抽象的想法，亦非無意識地出現。恣意放縱的人以為自己沒有絲毫強烈的情感，就算有，也不過是厭生求死之心，而後者正是跟著放浪、淫逸的生活態度而來。

英國作家赫胥黎說：「縱欲的生活再怎麼精煉，也不會萃取出深刻的情感……唯有透過幻想，我們才能創造出難以實現的不正常人際關係，但那些交流所產生的感情效應總是一樣：令人覺得屈辱、下賤又悲哀。」

喜新厭舊、不斷換伴侶好嗎？我們都知道，這只會使問題更加複雜，孩子會失去幸福的家庭；到了暮年時光，你也將孤獨無伴。

那一夫多妻制好嗎？基於此種制度的古文明都已被一夫一妻制的國家所征服。土耳其放棄了多妻制後，人民的體格變好了，精神也不再低迷。

那開放式關係呢？讓夫妻自由地選擇欲望的對象？不妨研究一下俄國近幾年來的風情民俗。革命之初，許多男女想取消婚姻制度，或至少讓它名存實亡。不過直到今日，尤其在女性同胞的影響下，持久的婚姻一再受到重視，也不斷出現。

俄國政治學家曼奈（Mehnert）其著作《論俄羅斯青年界》中寫到許多青年男女共同生活的故事，而他們都想逃避婚姻。有個女子寫信給丈夫說：「我想要一點個人的空間，享受微小、簡單又正當的幸福。我希望在安靜的一隅和你一起度日。整個社會難道不懂，這是人類的共同需求嗎？」所有的相關著作都證明，現代俄羅斯人承認在感情生活上有這種需求。

還有什麼別的解決辦法嗎？是否要制定全新的婚姻制度？在美洲，有位法官叫做林賽，曾發明一種「伴侶式婚姻」。他提議，青年男女暫時先同居，等到生下第一個孩子後，才轉變為永久的關係。但這亦犯了同樣的錯誤，他以為運用智慧，就可以創造出各種制度。

事實上，法律不能創造習俗，只能收錄整理它們。有些國家會制定離婚的補償辦法，有些政府會調解外遇事件，因此對於西方社會的大多數人來說，一夫一妻制所導致的不幸事件最少，因此成為解決男女問題的辦法。

可是人們怎樣選擇他終生偕老的伴侶呢？先要問，人們有選擇的機會嗎？在原始社會中，妻子往往是由俘虜或購買而來；強大、富有的男人有選擇權，女性只能被挑選。

在十九世紀時的法國，大多數的婚姻是安排好的，主導者有時是神職人員，有時是職業的媒人，有時是民政官員，但大部分是雙方的家長。這些婚姻大多是幸福的。美國哲學家桑塔亞那（George Santayana）說：「愛情的出現，不如大多數人所想像的那麼嚴格，十分之九的愛意是自己創造的，十分之一才靠那被愛的對象。」

出於種種偶然的因素，求愛者認為自己找到獨一無二的對象，其實，他對其他對象也會產生類似的愛意。濃烈的情感常會使人看不清對方的真面目。在狂熱的氣氛下，他們對於婚姻的期望太高，往往以失望收場。美國是戀愛最自由的國家，但也是離婚率最高的國家。

巴爾札克在《兩個新嫁娘》中描寫到兩種典型的婚姻，只要把他所用的字彙與場景改換一下，那麼在今日還是可以成立的。

女主角之一是勒內，她代表理性。她給女性朋友的信中寫道：「婚姻可以創造人生，愛情只能帶來快樂。快樂消失了，婚姻依舊存在。比起男女交歡，婚姻創造了更多寶貴的價值。所以，欲獲得美滿的婚姻，只要夫妻有深刻的友誼，多多寬恕彼此的缺點就好了。」勒內嫁給年紀比她大的丈夫，雖然她不愛對方，但終究享有幸福美滿的生活。

反之，她的好友露易絲雖然因自由戀愛而結婚，卻因嫉妒心太強，把婚姻生活弄得十分不堪，甚至置丈夫於死地，隨後自己亦不得善果。

巴爾札克的結論是：「如果夫妻兩人都有健康、聰明、家世、風趣和青春，那麼愛情自然會產生。」在《浮士德》裡，梅菲斯特說：「婚姻幸福的話，每個女人都有機會被當成希臘美女海倫。」事實上，大戰之後，如巴爾札克那一兩代人所熟知的「媒妁之言」婚姻，在法國漸趨消失，而是被自由戀愛取代了。其他國家的情況也一樣。可是，為何社會風氣有如此的演變呢？「掙得財富、放入金庫」，這樣的思想現在卻被當成最不實際、最幼稚的念頭。許多事情都在迅速地變化。不少人出人意料地破產了，中產階級那謹慎的生活態度，今日是毫無用處了。既然無人再為未來做好準備，未雨綢繆也被當成痴想。青年人的生活比以前自由得多，男女相遇也更容易。嫁妝與身家讓位了，取而代之的是美貌以及柔和的性情，還有像運動員那樣熱情（但有失分寸）。

自由戀愛像童話一樣嗎？不完全是。童話的結尾都是留給過去傳統的女性。但流浪的騎士現在還有：他們自願遠離心愛的人。今日，穿著裸露的少女在現實生活中處處可見。現代人的生活方式已變，眾人都樂於為了欲望而結婚，雖然它不代表自由戀愛。這也沒什麼好惋惜的，畢竟身體有時比頭腦更會做選擇。當然，婚姻要美滿，必須具備欲望以外的許多元素，但一對男女如果在肉體上互相感到吸引，共同生活的機會的確會增加許多。

「吸引」的含義很空泛，所以大家才會多少懷有希望。「美」則是相對的概念，它存在於人的心目中，只要你懂得欣賞人事物的美好。無論是男人或女人，都會欣賞心儀的對象，即使在他人的眼中那人是多麼醜陋不堪。智慧與道德感可以增加女性的魅力，即使她的身材不怎麼勻稱。性生活的協調不一定跟著美貌的外表而來，這一點大家應該預料得到。

然而，在真實的愛情中，追求者與被追求者都會突然變得很有魅力。熱戀的人出於本能，會在天生的優點外，增加許多後天的吸引力。正如鳥兒歌唱，戀人總會寫情詩。又有如孔雀開屏，男子會穿上華美的服飾，展現突出的外形。

不論是網球好手或游泳高手，都有他的迷人之處。不過體魄對現代男性來說，遠不如往昔那麼重要，因為它已不再能保障女性的人身安全。醫師或外交官的資格考試，取代了以前的競武角力。女性亦採用新方法來吸引男性。假使一個素來不喜科學的年輕女性，突然對於生物學特別感興趣，那想必是受到某位學者的鼓勵。今日，女性的讀物往往隨著成長而有所轉變，這是個好現象。求知的精神與身體的感覺同時覺醒，這是人類最自然、最健全的發展了。

但是，就算同時擁有身體與智慧的吸引力，還是不足以構成完美的婚姻。不管是出於理性考量、還是因為真心相愛而結婚，都無關緊要。婚姻成功的主要條件是：訂婚後，必須發自真誠，決心要與對方締結成永恆的夫妻。以前人為了金錢而結婚，但那很少是真正的婚姻，因為他訂婚時想著財富，所以他娶的是嫁妝，不是永久的妻子。他還想著：「要是她令我厭煩，我愛別人就好了。」有些戀人為了性欲而結婚，把婚姻當作一種嘗試和體驗，那麼亦會發生同樣的危險。

因此，每個人應當在心裡默默發誓，要永遠擺脫起伏不定的誘惑。無論男女，決定和對方締結終生後，就不再猶豫。「我已下定決心，今後我的人生目的不再是尋找令我開心的人，而是讓我選定的人過得開心。」這種木已成舟的念頭，固然有點沉重，但唯有決心才能造就長久的婚姻啊！

如果誓約沒有絕對的效力，夫妻很少有機會獲得幸福，因為他們一遇到阻礙、碰到相處時無可避免的難題，感情恐怕就會決裂。

夫妻扮演好各自的角色，從家庭到社會都會更祥和

在一起生活後，夫妻才驚覺相處上有許多難題，其主要原因在於，兩性的思想與生活方式天生就有衝突。在這個時代，大家很容易漠視這些根本的差異點，因為現今女性學者和科學家很多，而過去專屬於男性的職業，她們也做得很好。許多國家的女性也有選舉權了，這非常公平。

男女平等給社會帶來許多益處，可是我們不應因此忘記，女人終究是女

人。根據孔德的定義，女人是感情的動物，男人則重視行動。我們應該明白，女人的思想與其身體分不開，兩者的連結比較緊密。因此，女性思想的抽象程度遠不及男性。男人喜愛設計各種制度，想像實際上不存在的世界；他們喜歡設想改造方案，還想以行動實踐它。女性在行動方面的天賦較差，她們總是有意識或無意識地潛心於自己的主要任務，先是談戀愛，接著是成為母親。女人比較保守，更易受到性別特質所影響。男人有如寄生蟲，又有如黃蜂，因為他沒有負擔很多家庭工作，卻有相當的餘力，故創造了文明、藝術與戰爭。

男人心情的轉變，是隨著他對外事業之成敗而定的。女人心情的轉變，卻是和生理狀態有密切關聯。渾渾噩噩的年輕男子，其心情的變化難以捉摸，有時荒誕而怪異，有時散漫又有執拗的一面。巴爾札克說過，年輕的丈夫總是虛有其表，其實內心還很不成熟。

女人亦不懂得行動對於男人的重要性。男人的真正功能是行動與建造，包括狩獵、蓋房子、裝修物品以及打仗。在婚後最初幾星期中，他動了真情，相信愛情會填滿所有生命的空缺。他沒有發現，長久以來內心總是感到煩悶。只要心情不好，而他找不到原因，就會埋怨自己娶了如病人般的妻子，只會整天躺著，不知自己究竟想要什麼。可是妻子也感到很痛苦，不明白另一半的為何如此不安。

於是年輕的丈夫帶著妻子煩躁地走進旅館，草草地完成蜜月旅行。在多數情況下，這些衝突並不嚴重，只要安撫一下彼此，感情很快便會恢復。但前提是夫妻要有決心、有意願挽救這段婚姻，不斷地給彼此更深的承諾。

夫妻性格上的根本分歧不可能化解，即使是最長久、最美滿的婚姻也一樣。他們應該接受、甚至愛上這些差異，畢竟它們始終存在。

只要沒有什麼外在的障礙需要去克服，男人便會覺得煩悶。女人只要不愛對方或是不被愛了，便覺得心情空虛。男人是發明家，若能用一台機器改變宇宙的構造，便覺得人生圓滿。女人天性保守，若能在家裡安安靜靜做些古老的簡單工藝，便感到十分幸福。即使到了今日，在數千萬的農家裡，男人還是不斷地在拆裝機器，而一旁女人靜靜地織著絨線，或搖著嬰兒入睡。

阿蘭的觀點很精確，他注意到，男人所造的一切事物，都是符合某些外界的需求。建造屋頂，是為了遮雨、擋雪；搭建陽台是為了採光；車輛與船舶的弧線則是為了配合風向與波浪。而女人所創造的物品，其唯一特色就是與人體有關。靠枕是為了身體有個依靠、鏡子是為了映照身形。這些簡單明瞭的特色，可以反映出男女思想的根本差異。

男人發明了思想流派與理論，包括數學、哲學與神學。女人則完全沉浸在現實生活中，她若對於抽象的思想感興趣，也只是為了愛情（她所喜歡的男人是那方面的專家），或是因為絕望（她被所愛的男人冷淡對待）。

以法國小說家斯塔爾夫人（Madamede Staël）為例，像她這樣有哲學思想的女人，簡直是斷了自己的愛情之路。最典型的女性對話內容，全都是故事、性格分析以及議論他人，當中充滿了各種具體而實際的細節。而典型的男性對話則相反，他們只想逃避生活，並追求偉大的思想。

充滿男子氣概的人，最需要溫柔婉約的女人，這樣才能彌補他的不足，不論那女人是妻子或情婦。唯有如此，他才能和根深蒂固的性別觀念緊密相連。

男人總是有天馬行空的想法。他們會想像無垠的天際，但上頭一片空洞。他們還喜歡把說法當成事實，就像把稻桿當作穀粒一樣。女人的思想比較腳踏實地，正如每天早上都會走同樣的路。妻子有時答應和丈夫一起到空中去繞個圈子，但也要帶一本小說，以便在高處也可找到人類和溫暖的情感。

女人不愛抽象觀念，因此她們不愛涉入政治。我認為，如果女人參與政治，並去除那些抽象的政治理論，倒是為男人幫上大忙呢！實用的政治措施，與治家之道相去不遠。而光談空洞、模糊的政治理念，只會危害社會。

為何要把這兩種政治混為一談呢？女人面對政治問題時，會保持樂觀的角度，當作可以解決的衛生問題。但男人即使是面對衛生問題，也要把它弄成系統性的難題，還牽涉到他們的自尊與自傲。所以在政治議題上，男人有勝過女人嗎？

最優秀的男子忠於思想，最優秀的女子忠於家庭。如果執政黨有過失，以致生活水平低落，甚至有發生戰爭的危險，那男人會護衛他們的黨派，而女人為了維持和平、保護家庭，改換執政者亦在所不惜。

但在這個時代，女性毫不費力地投入學術研究，而且在各種會考中輕易就打敗男性。既然兩性平等，為何還要強調男性或女性精神呢？時代改變了，這種評論早就過時了：「博學的女子就像美麗的古董，是書房裡的裝飾物品，毫無用處可言。」

女醫生和她的醫生丈夫談話時，兩人在精神上有什麼不同嗎？只差在一個是男性一個是女性啊！年輕女性在智性上完全能夠與年輕男子並駕齊驅。

未婚女性的戰鬥意識強，正如在華格納的歌劇中，戀愛之前的瓦爾基麗是百屈不撓的女武神。然而和屠龍英雄齊格飛相愛以後呢？她的戰鬥力完全消失，變成平凡人。今日也有許多女性跟瓦爾基麗一樣。有位醫學院的女學生跟我說：「男同學就算心中正承受著愛情的悲苦，仍能去診治病人，和平常一樣。

但是我，如果陷入不幸的戀情，就只能躺在床上哭。」

女人只有投入感情世界才會感到幸福。所以，她們從科學知識學到紀律亦是有益的。阿蘭有言：「人類的挑戰，在於調和科學與神祕難解的事情，包括婚姻。」女人能夠管理大企業，而且還做得很好，但不會因此感到幸福。有一個在事業上獲得極大成功的女性說：「我一直在尋找，有一個男人能承擔我全部的事業，我會在背後支持他。只要有心愛的領導人，我就會變成了不起的助手！」的確，我們應當承認，女人是助手而不是開闢天地的創造者。

有人會反駁道，世上有許多天才女性作家，如法國作家喬治・桑（Georges Sand）、英國作家勃朗特姊妹、英國作家艾略特（George Eliot）、法國詩人諾阿葉夫人（Mmede Noailles）以及紐西蘭作家曼斯菲爾德（Katherine Mansfeld）。雖然如此，但你得想想女性的總人口有多少，不要以為我刻意要減低她們的價值。我只是把她們放在適合的位置。不像男人，她們接觸到許多生活的現實面，但要和頑強的環境對抗，展現奮鬥的精神，就不是她們的強項。男人精力過剩，自然就會發洩在藝術創作與工藝上。女人真正的創作卻是孩子。

那些沒有孩子的女性呢？但在一切偉大的戀愛中，女人都會展現母性。輕佻的女人也許不知道這一回事，畢竟她們從未戀愛過。成熟的女人懂得欣賞男人的「強大力量」，她們也知道這些男人弱點在哪。她們這麼愛護男人，自己也得到無比的疼愛。有些女人還會試圖改造自己的男人，溫柔地制服對方。有些女性不得不擔起男人的角色，其實內心深處還是想受到呵護。

因此，英國女王維多利亞不是偉大的君王，而是偉大的王后。迪斯雷利（Benjamin Disraeli）和普利姆羅斯（Archibald Primrose）是她的大臣，但也是她的崇拜者與小孩。她看待國事有如煩惱家事，觀察歐洲的衝突有如想著家人的口角。她和普利姆羅斯說：「我是軍人的女兒，對於我們的軍隊，我的關愛永遠不變。」她向外孫德皇威廉二世說：「孫子寫給祖母的信，應當用這種口氣嗎？」

兩性一定有一方較優秀嗎？絕對不是。若是社會缺少了女人的影響力，一定會變成只重視抽象理論、組織規定的瘋狂世界。隨後，專制政權就會出現，因為沒有一種組織夠穩定，最後勢必要以武力介入，至少在短時間內解決問題。這種例子多到不勝枚舉。

帶有男性色彩的文明，如希臘，也有崩潰的那一天：政治解體、哲學空泛而領導者太虛榮。唯有女性才能把愛談理論的黃蜂，引回到蜂窩，那才是簡單而實在的世界。沒有兩性的合作，絕沒有真正的文明。但前提是兩性互相接受差異處，互相尊重彼此不同的天性。

現代小說家和心理學家最常犯的錯誤，是過分重視性生活及連帶產生的各種情結。法國和英國一樣，近三十年來的文學，絕大多數都是描寫繁華、方便的都會生活，更適合女人去讀。

在這種文學中，男人忘記了他的兩大任務。首先，他得和別的男人共同奮鬥，創造新世界。他說：「親愛的女人，不是為妳們的世界而奮鬥。」男人要打造美妙又非凡的新社會，他們可以為它犧牲一切，包括愛情，甚至是自己的生命。

就天性來講，女人總想著情愛與母愛，男人則專注於外界。兩者間存在無可避免的衝突，但解決之道也不少。

第一，讓男性創作者自私地掌控一切。作家勞倫斯曾言：「能喚醒男人精神的，絕不是女人，而是他的孤寂。宗教家般的靈魂，令他遠離女人的影響，進而投入崇高的活動。耶穌對他母親說：『婦人，我與你有什麼相干？』只要男人覺得靈魂得到啟示，找到自己的使命與事業時，便會和妻子或母親講同樣的話。」

反抗家庭控制的男人，不論是運動者或藝術家，會有如此強烈的情緒，都是可以理解的。托爾斯泰逃出家庭、逃避生活。可悲的是，他做出這番勇敢的行動後，便老病而死。在精神上，托爾斯泰早已逃出了家庭。他的思想決定了他的生活方式與日常習慣，所以夫妻的衝突難以化解。法國畫家高更拋棄了妻兒與財產，獨自到大溪地島上過活，才找回自己的天賦。但托爾斯泰和高更的逃避行為，其實是一種軟弱的表現。真正堅強的創作者會強迫另一半或家人尊重他的生活。

在德國詩人歌德的家中，女人沒有說話的餘地。只要有女人打算影響他，勸他改變生活目標，歌德便會把她當成創作的題材，寫成小說或是詠為詩歌，之後便請她離開。

有時環境艱困，男人必須在愛情與事業（或責任）選擇其一，女人也會感到很痛苦，有時她不得不反抗。我們都知道，船員或軍人往往為了家庭，而犧牲自己的大好前程。

英國作家貝內特（Arnold Bennett）寫過一個精彩的故事。有位飛行家經過了不少艱難，終於娶得了心愛的妻子。這位女性傑出又有才華，美貌與智慧兼具，充滿了魅力。新婚時，她決心要好好享受這幸福的時光，於是和丈夫住進山上的旅社，愉快地度蜜月。但丈夫忽然得知，他的勁敵快要打破他引以為傲的飛行紀錄。這時，他的競爭意識被挑起了。妻子和他談情說愛，他心不在焉，只想著要如何調整他的飛機引擎。

妻子也猜到，丈夫想要前去挑戰對方。她一臉悲哀、低聲下氣地說：「你還不瞭解嗎？在我身為女人的生涯中，這幾天的光陰非常珍貴。你就只在意男人的生活以及飛行家的挑戰嗎？」他當然不懂，無疑地，也沒有那麼必要去瞭解。

如果男女之情比人生的挑戰還重要，男人就無法成就什麼大事。在《聖經》中，大力士參孫被女性密友剪掉長髮，於是失去神力。在希臘神話中，勇士海克力斯寧願跪在呂底亞女王翁法勒的腳下，甘心當個奴隸。然而，古代的詩人都歌詠為愛而甘願為奴的男子。俊美的特洛伊王子帕里斯愛上了海倫，導致國家陷入戰亂。在歌劇《卡門》中，女主角太有魅力，總是讓愛人自甘墮落。在歌劇《瑪儂》中，女主角的情人更是屢次犯罪。就算是結了婚的妻子，當她們想在各方面支配丈夫的生活，就會變成可怕的女人。

當男人喪失了深度的意志力，不再投入於創造活動，就會感到人生無望。

的確如此，當他把女人與孩子當作生命的重心，便會墮入絕望的深淵。

男子應該勇於行動，而不是在女人群中尋找幸福，那絕不是好現象。這足以證明他懼怕貨真價實的挑戰。有個十分驕傲的男子威爾遜，他不能忍受人家忤逆或反抗他，所以遁入崇拜他的女性群中。和其他男人一有衝突，他便容易發怒，這就是弱者的典型特徵啊！真正強壯的男子，反而樂於受到精神上的打擊，有如古代英雄喜愛刀劍的碰撞聲。

在幸福的婚姻中，妻子有她應得的地位和陪伴時間。她說：「英雄並非二十四小時都是強人……就算像拿破崙這樣的偉人，也會在午後回家，換上輕鬆的鞋子，讓夫人跟他撒撒嬌。他絕不因此而喪失英雄本色。女人有她自己的天地，這是愛情的天堂，充滿了溫情與關懷。男人應該定時脫下皮靴，在女性的天堂中放鬆一下，並盡情表達自己的情感。」

男人白天離家去跟另一群男人工作，晚上再回到全然不同的氣氛與空間中，這對身心有益。聰明的女人絕不會介意另一半投入在工作、政治或研究領域。她有時會難過，但會裝做沒事，並鼓勵丈夫繼續奮鬥。在希臘神話中，特洛伊勇士赫克托爾要率兵出戰前，妻子安德洛瑪克也是忍著淚，默默地支持丈夫。

沒有完美的伴侶，唯有時時交流，才能成就美滿的婚姻

綜合以上所述，我們應該注意到，不論婚姻是否出自當事人的意願、兩人的愛情有多濃厚以及他們有多聰明，新婚的那段日子，彼此都會看到對方意想不到的一面。

長久以來，我們都稱那段日子為「蜜月」。如果兩人在性生活方面很契合，沉迷與陶醉在那幸福中，就可以暫時忘記所有的難題。這時，男人會把朋友放一邊，女人也會犧牲她的嗜好。在法國小說《約翰・克利斯朵夫》中，有一段很寫實的描述：

有位女子結婚後不久，便能毫不費力地閱讀理論性的著作。過去不管她處於哪個時期，都不可能這樣讀書。她像個夢遊者一樣，閉著眼在屋頂上散步，卻絲毫不覺得有什麼可怕之處。哪怕醒來後看見自己踩著瓦片，也沒有任何不安，只是自問：「我在屋頂上做什麼？」接著就回到屋子裡去了。

不少女人在婚後幾個月或幾年間，就回到原本的屋子裡去了。她們努力要變成另一種人，可是日子久了，還是撐不下去。這時才發現，當初不該夫唱婦隨，那根本是個錯誤，因為一點意義也沒有。

另一方面，男人在新婚時也感受到無比的幸福，卻幻想著要挑戰危險的行動。拜倫說，蜜月之後就會出現「不幸之月」，原因就在此。過度狂熱後，精神一頹喪，佳偶就變成怨偶。雖然夫妻沒有完全失和，但愈來愈不瞭解彼此，只是相處時還有感情。有位美國女性如此形容這種情境：「我很愛我的丈夫，但他住在一個島上，我又住在另一個島上，而兩人都不會游泳，於是永遠沒機會碰面了。」

紀德曾言：「夫妻可以一起生活，相愛相守，但竟可以完全不瞭解彼此，認為對方如謎樣般，深不可測！」

有時這情形還更嚴重，不光是不瞭解彼此，還甚至產生敵意。我們常看到，有時在餐廳裡，夫妻在桌子兩頭對坐，靜悄悄地，帶著敵意和批評的目光注視彼此。這種幽微的仇恨感無法跟對方表達，因為他們找不到溝通方式。晚上，他們也只能同床異夢，丈夫一聲不響，只能聽著妻子啜泣。

這種悲劇可以避免嗎？世上不是有許多幸福的伴侶嗎？當然有。有些夫妻天生就合得來，宛如神仙眷侶一般。除了這些特例外，婚姻幸福的祕訣在於，夫妻相處時不任性而為，一心只為創造美滿的家庭。

許多年輕人或中年人要結婚前，總是心生懷疑，躊躇不已，於是來諮詢我的意見。對話過程很有趣，如同巴汝奇與龐大固埃父子的交談內容。

「我應當結婚嗎？」對方問。

「對於你所選擇的對象，你究竟愛不愛呢？」

「當然，我見到他就很開心，生活中少不了他。」

「那麼，你結婚便是。」

「當然好……可是想到要締結終生，我有些躊躇。這麼一來，我就得放棄許多其他更好的機會，真是可惜。」

「那麼你不要結婚。」

「那老年時我就會很孤單……」

「天啊，那你結婚去吧！」

這種討論是沒有結果的。為什麼？除了少數天造地設的佳偶或怨偶，婚姻本身無所謂好壞。成敗全在於你。只有你自己才能回答那個問題，結婚前要做好哪種心理準備，只有你自己知道。因此，婚姻不是終點，而是準備開啟的旅程。

有些人對於結婚抱著的念頭像買彩券一樣：「誰知道？我也許會贏得頭彩，幸運獨得大獎……」那都是白費周章。說實在的，應該採取藝術家創作時的心態才對。丈夫與妻子都應當對自己說：「生活就像共同創作小說一樣。我應該接受彼此性格上的差異。我要過得幸福，也一定會成功。」假如在結婚之初沒有這種決心，婚姻一定不會圓滿。

《舊約聖經》上說，結婚誓約很重要，重點在於雙方約束自己的言行，神職人員的祝福只是其次。這種觀念很正確。如果有人跟你說：「我要結婚了。沒體會過，可以試一試……失敗也就算了，總可有安慰的辦法，或乾脆離婚。」那你切勿遲疑，馬上勸他不必結婚。

因為那絕不是婚姻啊！哪怕有堅強的意志、濃烈的感情，並以小心翼翼的態度，謹慎處理關係，誰也不敢確定，這樣就有成功的把握。因為這項任務所關係到的不只有你自己。如果一開始就沒有信心，則必失敗無疑。

婚姻不但是未完成的作品，而且應該不斷地重新創作。無論何時，夫妻都不可懶散地說：「這一局贏了，休息一陣子吧。」人生有許多偶然的變化，總是波瀾起伏。就像世界大戰破壞了和平，多少太平無事的夫妻因此顛沛流離。人生在壯年期間，總會遭遇許多波折，時常相互交流，才能成就最美滿的婚姻。

當然，我不是指兩人每天要無窮無盡地解釋、分析與懺悔自己的所做所為。馬里帝茲（Meredith）與沙爾多納（Chardonne）認為這種做法很危險：「過分深入地分析彼此，只會引起無窮盡的爭論。」因此，每天的交流只要簡單就好，不須刻意進行。聰明的女性大概能猜到這樣做的好處，也懂得化解相處時的危機與煩悶。她天生就知道該如何補救。

男子也知道，在某些情況下，一個眼神、一個笑容，比冗長的說教更有幫助。但不論用什麼方法，感情總得不斷培養。人間所有東西被遺忘後，就會消失：房屋沒人住就會倒塌、衣物被棄置後會泛黃、友情不培養會變淡、快樂沒有回味會消散，愛情不經營也會崩解。

因此，房子應當隨時整修，人與人有誤會時，也應及時溝通。否則仇恨會慢慢積聚起來，蘊藏在內心深處，變成毒害婚姻生活的溫床。只要一有細微的口角，傷口便會潰爛；夫妻才發現自己在對方心中的形象，是如此可怕。

因此，夫妻相處時應當真誠，但也得有禮。在幸福的婚姻中，每個人應尊重對方的興趣與愛好。兩個人不可能凡事都有同樣的看法、判斷和欲望，所以絕不可有那種妄想。

在蜜月時期，愛人往往出於幻想而希望有濃烈的幸福感，還期待彼此有很多共同點。不過，個人的天性無可避免地會顯露出來。故阿蘭曾言：「結婚後，夫妻若想過得安樂自在，必定要以友誼慢慢代替愛情。」

但是，我認為情況更複雜。在真正幸福的婚姻中，友誼必得與愛情融和一起。像朋友那樣坦白，夫妻就能以寬恕和溫柔的方式對待彼此。兩個人得承認，彼此在精神與思想層面不相似，並欣然接受。這是個良機，彼此在心靈上能相得益彰。男人努力解決世間複雜的難題，而有個賢慧的伴侶在身旁，後者細膩、聰明、低調又溫柔，就能幫助他瞭解自己不大明白的女性思想。

欲望雖然是愛情的根源，卻無法成為助力。日子久了，這類基本需求就昇華了。此時，精神上的契合就遠超過肉體的快樂，成為維繫感情的基礎。對於合而為一的夫妻來說，青春的消逝不再是不幸。白首偕老的甜蜜心情令人忘記年華老去的痛苦。

法國作家拉羅什福科（Francoisde La Rochefoucauld）有一句名言：「世上沒有完美的婚姻，但有圓滿的夫妻關係。」當然，讀者們大可以想像世上有完美的伴侶，但就算有，相處起來也不容易。每個人都會受到自己的志趣、缺點與疾病所影響，脾氣會變，甚至更難相處。因此，共同生活怎麼可能沒有難題呢？沒有衝突的婚姻，就跟沒有反對聲浪的政局同樣不可想像。不過，真愛有助於化解新婚時的爭執與不滿。用溫柔、幽默以及寬容的態度對待彼此，夫婦吵架後，也比較容易復合。

歸結起來，婚姻絕非浪漫的人所想像的那樣，它是一種奠基於人性的制度。婚姻要成功，不單外表上互相吸引，彼此也都要有意志力與耐心，願意接納及包容對方。由此，美好而堅定的情感才會成形，並融入了愛情、友誼、性吸引力以及尊重。這才是真正的婚姻與家庭；沒有了它們，這廣大的世界會冷得令人打顫。

人生第一大問題：如何才能經營美滿的婚姻？

答：結婚不是買彩券，應採取藝術家創作時的心態。經營婚姻生活就像共同創作小說。此外，夫妻應該接受彼此性格上的差異。

第二章 如何讓孩子平順地成長，享有幸福的人生

在感情親密的家中，才有做自己的自由

提到家庭各方面的問題，我一定會引用法國作家瓦雷里（PaulValéry）的名句：「每個家庭內部都蘊藏有特殊的煩惱，稍有熱情的家庭成員都想逃避。晚餐團聚時，家人總能自由地隨性相處，展現本來面目。自古以來，這就是家庭最重要的益處。」

我喜愛這段文字，因為它同時指出家庭生活的美好與苦惱。「自古以來的益處」以及「內部特有的煩惱」，每個家庭都蘊含這兩種力量。

問一問小說家好了。凡是人性面面觀以及各方面的形象，作家們總是探究得最深。巴爾札克是怎麼寫的？在小說《高老頭》，主角過度關心女兒，幾近於瘋狂，而後者只是殘酷以對。在他的另一部小說《歐也妮．葛朗台》中，母女都受到父親的壓迫，對其感到非常厭惡；而勒．甘尼克家庭卻是那麼美滿。

法國作家莫里亞克（François Mauriac）在《蛇結》寫到，有個垂死老人病倒在床上，聽到孩子們在隔壁房間爭論怎麼分家產以及處理他的後事。老人感到非常悲痛。孩子們互相厭惡，明明有利害衝突，卻不得不生活在同一個屋簷下。但在《弗龍特納克家的祕密》中，家庭緊密結合，感情好到無可言喻、十分溫馨，有如一群小犬在狗窩裡互偎取暖。這家人彼此信賴，隨時準備抵禦外侮。

除了小說，現實生活中也有許多悲喜交織的家庭，包括溫馨的晚餐時光以及各自的煩惱等。在每個人的記憶中，都有各種不同的家庭印象，恰如瓦雷里所說的，家庭有兩種特性，既可歌可頌、亦可惱可咒。

想想看，有誰不曾在人生受創的時候，到鄉間靜寂又溫暖的老家尋求家人的安慰？朋友為了你的聰慧而愛你，女友因你的魅力而愛你，但家人愛你卻沒有理由，只要你在那裡生長，你跟家人就是血肉相連。但比起世上其他人，家人最能激怒你。有誰不在年輕時說過：「我快窒息了……不能在這個家生活下去了。他們不懂得我，我也不瞭解他們。」

紐西蘭作家曼斯菲爾德十八歲時，在日記上寫道：「妳應當走，不要留在這裡！」後來她逃出了家庭，在陌生的環境裡病倒了，便在日記上寫道：「在我的腦海中，唯一值得開心、令人羨慕的事，便是祖母在我就寢時，端來一大杯熱牛奶和一塊麵包。我記得，她兩手交叉站在床邊，用她曼妙的聲音和我說：『親愛的，這樣滿意嗎？』啊！這真是神奇又幸福的一刻。」

事實上，家庭如婚姻一樣，它有許多優點，是一種錯綜又複雜的制度。它不像抽象的思想那麼單純，而是不斷在變動。

不過，家庭並非人為或政府創造的制度，而是自然的結果。兩性結合後產子，而人類的幼兒照顧期又很長，於是激發了母愛。此外，在愛妻、愛子的情感交織下，父愛也出現了。為了有系統地進行探討，我們先談這大制度的可貴和可怕之處。

先說它的優點。如同先前對夫妻的分析一樣，家庭的力量在於，它是以人類的自然天性為基礎，從此發展出社會關係。媽媽與嬰兒透過全面、純潔又美好的情感產生連結，當中沒有絲毫衝突。對於寶寶來說，母親是全能的，無異於神明。若是她能夠親餵，便會成為嬰兒快樂與活力的泉源。在她的照料下，她能減輕寶寶的痛苦，帶給他快樂。母親是最強大的保護傘，她溫暖又柔和，凡事忍耐。母親就是如此美麗，宛如女神。

母性，有如愛情一樣，是以自己為感情的中心，再把這種愛擴大到自身以外的人，所以才能產生忠誠度與愛護心。因為母愛，家庭才和婚姻制度一樣，奠基於人性。因此，哲學家阿蘭在《論家庭情感》中才提到，社會要能成立，「人類就必須先懂得愛」。而人類之於愛，往往從母性學來。

女人對於男人的愛，常含有母性的成分。例如，喬治・桑就深愛著比她年輕的劇作家繆塞（Alfredde Musset）以及鋼琴詩人蕭邦。沒錯，在這種感情中，母愛的成分甚於性愛。這絕非例外。哲學家盧梭的情婦華倫（Françoise-Louisede Warens）夫人，還有巴爾札克的情婦貝爾尼（Lauredе Berny）夫人，都是有母性的情人。而想要保護對方，就是母性中久留不滅的元素。女人只是表面上欣賞男人的強大之處，其實她們所愛的，往往是對方的弱點。（關於這一點，可參閱愛爾蘭劇作家蕭伯納的《念珠菌》與《武器和人》）。

孩子呢？如果母親是優秀的女性，那他就很有福分了。在她的教誨下，孩子在生命初期就能體會到，何謂毫無保留而不求酬報的愛。在母愛的灌溉下，他幼年便知道，世界不完全都是敵人，也會有人溫柔地對待自己，隨時支持自己；世上總有人可以完全信賴，而且沒有何任何要求。

人生這樣開始，他的精神與心理狀態便有許多優勢。他凡事樂觀，雖然總有失敗與憂傷的時刻，但自始至終抱著正向的態度，對人生充滿信心。通常在溫和與善良母親的教導下，才會有這樣的孩子。反之，惡毒又偏私的母親，會把孩子帶往悲慘的境地。孩子凡事抱持悲觀的想法，整天煩躁不安。我在《家庭圈》（*Cercledefamille*）中談到，母子衝突太劇烈的話，孩子的心智就會受到毒害。但是，太溫柔、多愁善感的母親也會造成負面效應，兒子會太早接觸到強烈而狂亂的情緒。司湯達談過這個問題，勞倫斯的全部作品也都與此有關。

勞倫斯說：「這是精神上的亂倫，比性的亂倫更危險。它不易被覺察，所以孩子很難發自內心感到厭惡。」這會影響到世代關係，孩子與父親的感情也會受到影響，我們後面會再詳細討論。

以上便是家庭的優點和缺點。記住，家庭是幼年時「學習愛」的地方。有時它會讓我們受傷，但家中還是充滿特別的幸福感。那些美好的回憶，使我們信任家人。

除此之外，家庭還是一個自在的場所，讓我們能夠輕鬆做自己。這是重要又難得的優點嗎？我們難道不能到處顯露自己的本來面目嗎？當然不能。在現實生活中，大家不得不扮演某些角色，採取某種態度。在別人眼中，我們有某種形象，得照章辦事，做好基本的工作，畢竟要過團體生活。無論你是國王、教授或商人，在大半的生涯中，都不能展現自己的本來面目。

只有在感情密切的家庭中，你才能放下自己的社會角色。想想家裡晚餐後的景象。父親躺在安樂椅中讀報紙，有時打瞌睡。母親織著毛線，和大女兒抱怨家庭主婦遇到的各種難題。大兒子哼著流行的歌曲，讀邊著偵探小說。二兒子在修理電器。小兒子轉著收音機，搜尋談話或音樂節目。每個人都做自己的事，算不上協調。

收音機的聲音，有時會吵到父親看書或打瞌睡。而父親的沉默，使母親感到冷漠。母女間的談話，令兒子們不快。但大家也不想掩飾這些情緒，畢竟在家中很少人會講究禮貌。在家裡可以隨時表達不滿、發脾氣，家人問話也可以不回答。相對地，你也可以莫名其妙地在家裡手舞足蹈。我們都能接受家人的這些舉動，至少大多能容忍。在法文中，「熟悉」或「親密」(familier）一詞的就是來自於家庭（famille）。所以，家人的樣子都是常見而不足為奇的。

若你提起某位朋友時說：「他就像家人一樣。」意思是，你可以用輕鬆的態度跟他應答，雖然外人看來會像失禮的言行。

在剛才描寫的家庭景象中，家人並沒有陶醉在某種幸福感中。他們只是覺得有權利「做自己」，不用擔心被人責怪，可以好好休息一番。莫里亞克說：「有一種令人溫暖、安心的感覺」。他們知道自己處於互相瞭解的環境，必要時還會互相承擔責任。在這場不協調的戲劇中，如果有位演員忽然頭痛，全場工作人員都會動起來。姊姊去鋪床、母親負責照顧病人，大哥則去藥房買藥。受到病毒威脅的人，在家裡是不會孤獨的。

沒有了家庭，在廣大的宇宙間，人會冷得發抖。有些國家因為種種原因，家庭生活的重要性減低了（如美國、德國及戰後的俄國），所以人民會渴望互相取暖、一起討論事情。他們需要把自己的情感和生活，連接到千萬人的活動中，以補償其所喪失的那小小的、友愛的、溫暖的團體。他們試著要找回團體生活的凝聚力，可是這在巨大的民族國家中，不但有點勉強，而且容易導致危險。

無論你有多大成就，家人的愛都是最單純的

父母子女所形成的家庭團體再往外擴大，就是「連鎖關係」。在古羅馬的貴族中，除了有血緣的親族，還加入了友邦的家族、商業上的合作夥伴以及奴隸，一起組合成小型的部落。在現代社會中，家人散布太廣了，所以傳統的宗族不再那麼龐大，但還是有些凝聚力。你總可以在家族裡發現未曾謀面的堂兄弟，或是沒有結婚的姑姑，獨自過著幽靜的生活。在巴爾札克的作品中，有邦斯舅舅、姑姑加麗德；在莫里亞克的小說中，也有叔叔伯伯。法國詩人佩吉（Charles Péguy）描寫過許多政界與學界中的大家族。他憑著極大的耐性去搜尋家族成員的職位、名號、勳位，甚至追溯到前四代的遠祖。

上面所提的是傳統的大家族，而今日的「家庭」有另一種樣貌。每到夏天，

我們就會帶著家人到海邊去度假。在粗布製的帳篷下面，母親看顧著年幼的孩子；少年們則圍在父親旁邊，看著他釣魚。而這個簡單的小部落有它自己的語言。在許多家庭中，某些字詞的意義往往和一般人的用法不同。就像用方言講笑話一樣，懂的人狂笑不已，而外地人只覺得莫名其妙。

好多家庭都有這種神祕的暗號，他們親密地樂在其中，以致忘記了外頭的世界。也有一些家庭深閉固拒，外人無從介入，兄弟姊妹從童年開始，生活就非常緊密，以致永遠分不開。他們和外界沒有往來，不願意與人交流。即使結了婚，和舅子、姊夫、女婿、嫂子等姻親，卻始終像陌生人一樣。只有極少數例外合得來的外人，能夠成為他們的家庭成員。雖然如此，他們還是不能跟自家人平起平坐，並受到嚴厲的態度對待。

對於有些老人家來說，世上唯一有意義的來往對象，只有自己的家人而已，而家族每一個人都很重要，即使是從未謀面的遠房親戚也是。這樣的家族墮落為自私自利的小團體，家人不但相愛，還會組成防禦聯盟，以抵擋外人入侵。紀德寫道：「自私自利的家庭最可憎，比自我中心的人還討厭。」我不完全贊成他的意見。這種家庭固然有危險之處，但至少已超出個人的範圍，並包含了許多社交生活的元素。

雖然如此，家庭必得要經受強風的吹拂與滌蕩，畢竟「每個家庭內部蘊藏著特有的煩惱……」

前面寫到，在家庭夜晚的相處時光，每個人的身體與精神都放鬆了，都恢復成自己本然的樣子。在這樣的休息狀態下，身心感到自由自在，有如枷鎖都放下了，但家中也容易進入無政府狀態，大小衝突不斷。

阿蘭在《幸福論》中寫到，因此在家庭中，總會有這樣的隱形規定：凡是有人不喜歡某項事物，其他人都不准去做。大家也常用低聲抱怨取代溝通。

弟弟聞到花香，覺得不舒服。媽媽聽到有人大聲講話就不開心。爸爸要求晚上得安靜；哥哥要求早上得安靜。大伯不喜歡家人討論宗教，叔叔聽見有人談政治便咬牙切齒。大家都得忍受彼此的禁忌。而每個人都認真地行使他的權利。弟弟說，一聞到花香他整天都頭痛。爸爸說他昨晚一夜沒有闔眼，因為哥哥在晚上十一點時關門太用力了。每到晚餐時間，餐桌上的氣氛就好似議員開會一樣，每個人都要訴苦。不久後，大家都熟悉了這複雜的法規，所謂的家庭教育，便是把這些律令傳承下去。

在這樣的家庭中，左右眾人生活的，是最庸俗的那個成員。正如全家出去散步時，走最慢的那一個，會拖累大家的步行速度。那位成員只好犧牲自己，否則眾人的精神生活水準會降低，不再有上進心。證據很明顯，只要有聰明的客人前來享用晚餐，眾人的談話水準會立刻升高。有些家人往常總是靜悄悄，只說一些不痛不癢的話。但客人一出現，就變得神采奕奕。他們想有所表現，所以才拿出實力，展現家人看不到的那一面。

因此，家庭封閉自守是件不健康的事。它應當如海灣一樣，時時被海浪衝擊。外人不一定要經常來造訪，但大家都得記得有這號人物，無論是音樂家或詩人都好。在新教徒家庭裡，家人每天誦讀《聖經》，想法不斷受到薰陶。許多英國大作家的作品都很有深度，因為他們常常接觸這部經典。

在英國，女性寫作的功力大多很好，這或許是因為，她們常在家中朗讀《聖經》，比較少進行瑣碎的談話。她們自幼便接觸到這類偉大的作品。十七世紀法國女性如賽維涅夫人（Madamede Sévigné）、拉斐特夫人（Madamede La Fayette）都是受益於拉丁文教育。

阿蘭又言，家庭生活還隱藏一個缺點，就是家人交談時從不好好說完一句話。對此，家人應該多接觸一些偉大的文學作品。除此之外，擁有虔誠的信仰、培養對藝術的興趣（尤其是音樂）、享有共同的政治信念以及事業，都能使家庭超越其自身的限制。

一個人的特殊價值，往往最難受到家人的重視。這並非因為仇視或嫉妒，而是家人習慣用舊有的觀點去觀察他。在勃朗特姊妹的傳記中，我們看到，只有父親一人不承認她們是小說家。托爾斯泰的夫人知曉丈夫的才華，孩子們也崇拜、努力想瞭解他。但一家人都不由自主地認為，雖然托爾斯泰是個有天分的大作家，但也是個凡人，既可笑又不講理，還有許多壞習慣。他一方面發表高論：「任何家庭都不該雇用僕人。」但隔天他卻出其不意地囑咐僕人，準備十五份的午餐來接待客人。

前面提到，待在家裡，每個人可以「還我本來面目」。是的，但也只能恢復本性，而無法超越自己。在家中，聖人會心神不寧，英雄亦無所施其技。阿蘭說過：「家人不至於不知道我的才華，但只會客氣地讚美一下，不會當作是多麼了不起的優點。」

家人讚美你的成就，不是因為多深入瞭解你的才華，而是因為家裡出了一個天才，感到與有榮焉。家族中出了一個偉大的演說家或政治家，親戚們都會樂開懷。那並非因為演講的內容有多感動，或是政治上的改革造福多少人，而是認為家人的姓氏出現於報紙上，既光榮又新鮮。正如地理學家演講時，台下坐著他年邁的姑姑；其實姑姑不喜歡地理學，只是愛她的侄子。

由此觀之，家庭是個平凡的地方，事事講求平等，只看重相處時的情感，不在乎崇高的精神價值，也正因如此，許多人才有理由反抗家庭。紀德在《人間食糧》有段咒罵家庭的文句：「家庭，封閉的地方，我恨你！」他在《神童》一書中也描寫到，哥哥勸柔弱的弟弟擺脫家庭，以恢復自由之身。

可見，即使是偉大、最優秀的人，在其生涯中，也有不少時間會想到，為完成自己的使命，應得離開溫和舒適的家，擺脫太輕易獲得的愛和相互體諒的生活。正因如此，托爾斯泰才會逃到教堂，在那裡終老病死。年輕人也總會聽到有人勸告：「你得離開爸爸媽媽，獨自去生活。」所以高更才拋妻別子，獨自到大溪地去過著僧侶式的畫家生活。

每個人一生至少有一次，彷彿聽到使命的呼喚，自以為是天才，要去開創不同的人生。我認為那是一種幻象。

逃離原生的家庭與自己選擇的婚姻，無異走向另一種不自然的生活，畢竟人不能獨自生活。離開家，走向修道院或藝術團體也是一種選擇，當中有寬容也有束縛，也會有冷淡的時刻。否則就會像尼采一樣走向瘋狂。羅馬皇帝奧理略說過：「沉溺在抽象的幻想中，人就不會覺得孤獨。」因此，想要過有智慧的人生，不需要逃離日常事務，而是在原有的環境之下保持理智與清醒。

從小培養孩子的紀律，成長過程會比較平穩

逃避家庭生活很容易，但解決不了問題。不如把力氣拿來改造家庭生活，雖然很困難，但會很有收穫。年輕人大多只看到家庭的束縛，但忽略了家人的付出，這是所謂「無情義的年紀」。為了能更深入地討論，接下來會以更明確的角度，來研究家庭內部的世代關係。

前面描述過，世代關係從幼年時就成形。母親出自本能，毫無保留地付出，溫柔地照顧孩子；孩子則是從小就崇拜與信任父母。這是正常狀態。附帶一提，在幼兒時期，父母總以為有些事情無關緊要，所以容易犯幾個錯誤。最

常見的就是帶出嬌生慣養的孩子，使他們自以為有無上的權威。實際上，他們表面上跋扈的樣子，是父母的缺點造成的。這是最危險不過的事。

人的性格在生命之初便形成了。孩子長大有無紀律，其實在一歲左右就已經由家長鑄定了。我常聽見人家說（我自己也常常說）：「大人對於兒童的影響極微妙，其造就的性格難以想像。」

很多人都不知道，其實在大多數情況下，大人都可透過早年教育來塑造孩子的性格。從小就應該幫孩子培養規律的習慣，否則長大後註定要受苦。人生和社會自有它們無可動搖的鐵律。辛勤的工作會磨練人的心智。每個人用他的犁鋤、耐性和毅力，開闢出他自己的路。

可是被溺愛的孩子，生活在怪異、虛偽的世界中。他至死相信，他的一顰一笑，一怒一哀，可以激起別人的同情或溫柔對待。他要無條件地被愛，如他那懦弱的父母一樣愛他。大家都認識這種長不大的老小孩。有些人憑著天分爬到了權力的高峰，末了卻因為極幼稚的舉動失了江山。有些女子在六十歲時還以為使個臉色就足以表達心中的不滿。要補救這些，做母親的必得在孩子開始對於世界有模模糊糊的概念時，教他學習紀律。

奧地利心理學家阿德勒談到，許多母親教養方式太拙劣，不能抱著大公無私的態度處理兄弟姊妹的問題，所以對孩子產生極大的負面影響及刺激。我們大多在手足的關係中學習友愛的精神，所以不要以為那是天生的。自有文明以來，歷史學家描寫過許多兄弟相殘的悲慘局面。這種悲劇永遠也不會消失。

孩子誕生時的次序，對於他的性格發展有重大影響。第一個孩子常常受到溺愛。對於愛意濃厚的新婚夫妻來說，孩子的微笑與姿態是那麼迷人而新奇。家人注意力在他身上。不要以為孩子自己不覺得；正好相反，他會把這種關愛當作是人家對他應盡的義務；所有人都應該以他為中心。

第二個孩子誕生了。第一個孩子所享有的父母親情，必得要和這敵手分享。他感到很痛苦，因為有這個新生兒，所以他被忽視了。對於母親來說，最幼弱的新生兒最需要她，這是最自然的情感。她看著第一個孩子漸漸長大，未免惆悵，因此把大部分的母愛灌注到新生兒身上去了。

而對於那剛在發育的幼年長子，這確實是劇烈的變化。他深深感到悲傷，內心留下久難磨滅的痛苦痕跡。孩子其實也會有悲痛的情感。他們會詛咒不識趣的闖入者，希望對方早死，因為他所有的特權都被此人剝奪了。有些孩子會自怨自艾，以此重博父母的憐惜。

生病往往是弱者取勝的一種手段。我們都知道，有些女人總是會設法裝可憐，使自己成為大家關心的焦點。兒童也會無意識地演出這種喜劇。許多孩子本來很乖，直到家中第二個小孩誕生後，脾氣就會變惡劣，還做出各種醜事。父母對此是不解又憤怒。其實，這都是因為孩子想要大人去重視他們。

阿德勒指出，長子（或長女）的心理狀態很容易辨認，因為那終生也不會改變。他們常留戀以往的事，個性偏向保守與悲觀。他們愛談起幼年往事，因為那是最幸福的時期。次子（或次女）會把注意力放在未來，因為他想要超越長兄（或長姊）。他喜歡標新立異，或善於嘲弄他人。

幼子也常常受到溺愛，如果和長兄們年紀差很遠，他就更幸福了，因為再也沒有別的弟妹會奪走他所享有的待遇。長兄們會抱著和父母差不多的長輩態度，溺愛這個幼小的弟妹。幼子的成長過程大多很順利。他有自信心，所以不難有所成就。他從小和兄姊一起生活，受到他們的陶冶，也想努力超越他們。因為他本是落後的，必得要往前力追。

對待諸多兄弟姊妹，父母應該付出平等的母愛和父愛。事實上，雖然每個孩子性格不同，可愛的程度不免有所差別，但父母也得要維持表面上的平等，免得孩子認為他們偏心。

想一想，在孩子的眼中，父母就像天神一樣，一旦他們發現，神仙也有偏私之心，一定會覺得很難過。他們會感到很痛苦，繼而失去尊敬之心。有些人在生活中老是喜歡唱反調，他們應該是在幼年時看到太多矛盾的事情：父母們一面告誡孩子不要做某事，但自己卻去做。

假如女孩子從小就輕視母親，以後會輕視所有女性。父親太專橫的話，兒女們（尤其是女兒）會把婚姻看作可怕的苦役。英國哲學家羅素在《論教育》中提到：「父親若懂得享受天倫之樂，兒女就會尊敬他。他也會尊重兒女，雖然會要他們遵守紀律，但不會有過度的要求。這些父母永遠也不會遇到可怕的家庭革命，兒女們也不需要求自由與獨立。」孩子有紀律後，他們從童年到青年的過渡時期，掙扎與矛盾就會減少許多。而這些父母也比那些蠻橫的雙親快樂多了。羅素也說：「沒有絲毫專制，溫柔而清澈的愛，比任何情感更能產生甘美的心情與樂趣。」

以上所述，都是父母應當避免的缺點。以下我們再來討論正常的世代關係。

母子是人生中最緊密的人際關係。有作家描寫過，女人是如此鍾愛她幼齡的小上帝。中年時，尤其當父親亡故以後，母子的關係會變得更密切。兒子更加尊敬母親，而母親也會尊重這位新的一家之主，並延續其天生對兒子的愛護之情。在古代農業社會中，母親負責管理農莊，母子間的雙重情感就更為強烈。

新家庭與舊家庭的衝突很難避免。有些母親愛用高壓手段，又不懂得什麼才是真心愛兒子。她不瞭解，兒子以後的幸福在另一個女性身上，也就是擁有美滿的婚姻。婆媳關係是小說家常愛採用的題材。

在莫里亞克的小說《母親》（*Génitrix*）中，主角就是個控制欲強的母親。英國藝術評論家羅斯金（John Ruskin）的母親就是一例。她相信自己對兒子的愛不帶有任何性欲，實際上可不然。作家勞倫斯最擅長描寫此種情境，他說到：「羅斯金夫人說過，她的丈夫應娶她的母親，這的確是她的心聲。」而勞倫斯之所以能如此精確地描述這種情境，因為他跟母親的關係也很密切。

母女之間的情形便略有不同了。她們有時能變成永遠的朋友。即使結了婚，有些女孩還是離不開母親，天天回家看她，甚至和她一起過生活。有時情況相反，母女之間發生衝突，變成女人與女人的戰爭。年輕貌美的母親看到女兒長大成人，會心生嫉妒；女兒也會嫉妒她嬌豔的母親。在這種情況下，當然應由長輩，也就是母親，去化解母女間的矛盾。

父愛則是另一種全然不同的感情。雖然，天生的親子關係還在，但不太穩固。當然，也有如高老頭那樣，過度關心孩子的病態父親，不過那是因為我們太習慣母親的既有形象。而且在許多古老的社會中，孩子是由舅舅帶大、負責教養的，父親沒有扮演任何重要的角色。

即在文明的父權社會中，幼兒教育亦由女人負責。以前的父親是戰士和獵人，今日則是企業家或政治家，他們只在晚餐時分回家，且還滿懷著數不清的煩惱、計畫、想法和心事。

法國作家杜哈曼在他的小說《哈佛書吏》（*Le Notairedu Havre*）中寫到，母親就有如安分守己的蜜蜂，而充滿理想的父親如黃蜂一樣。

父親看重外在世界，所以希望孩子有企圖心。阿蘭說，父親的要求很嚴苛，假如他自己的遠大計畫從未實現，就會希望兒子比他更有成就。如果他自己事業成功，就會壓榨他的孩子，期望他們十全十美。然而每個人都有其極限，不一定能達到父親的預期。他求好心切，反而變得太嚴厲了。

他希望孩子實現自己的夢想，卻覺得對方不斷在反抗。有時父子會像母女那樣嫉妒彼此，有時則是互相競爭：父親不肯退步，不願放下家族事業的管理權；有些兒子在同業中比父親更能幹。既然母子會變成親密的夥伴關係，父親和女兒自然也會成為彼此的好幫手。托爾斯泰的助理就是她最小的女兒，許多政治家和外交家也會請女兒來擔任祕書或參謀。

父母的勸告只是隔靴搔癢，最好放手讓孩子去體驗人生

父母與子女間有那麼多衝突與誤解，是因為大人希望在孩子身上看到成年人該表現的反應與情感。

父母看到年輕人踏入實際生活且遇到困難時，就會回想到自己當年所犯的錯誤，為了保護親愛的孩子，所以天真地以為，把自己經驗傳授給兒女就能解決問題了。這是危險的舉動，因為人生經驗是很難傳授的。

每個人都得去經歷人生的各個階段，思想得跟著年紀變成熟。有些德性和智慧，會隨著身體的衰老而出現，但很難透過語言文字傳遞給年輕人。

馬德里國家美術館中有一幅美妙的佛拉蒙畫派作品，題名為《人生的階段》，上頭畫著兒童、少婦與老婦三個人物。老婦伏在少婦肩上，跟她說明人生的道理。但這些人物都是裸體的，所以可明顯看出，肉體衰老的人給身體健康的人忠告，其實是白費功夫。

經驗唯一的價值在於，它是痛苦的結果；經驗在肉體上留下了痕跡，思想也跟著轉變了。政治家在失眠的長夜中，和現實的難題苦鬥；試問，他怎麼能把此種經驗傳授給空談理想的年輕人呢？後者還以為毫不費力便可改造世界。成年人又怎麼讓少年接受「愛情是虛幻的」這種說法呢？

在莎士比亞的戲劇《哈姆雷特》中，波洛涅斯給兒女的忠告都是老生常談，但我們勸告別人時，不都是那副模樣嗎？長輩以為那些忠告很有意義，值得不斷回想和思索，但對於兒女來說，卻是空洞又討厭的。想把二十歲的年輕女性變成穩重的淑女，這在生理學上是不可能的。

法國作家沃維納格曾言：「老年人的忠告有如冬天的太陽，雖然光亮，可不足以令人溫暖。」由此可見，年輕人會反抗老人年的勸告，而後者只會不斷感到失望。於是兩代間會不斷生氣與埋怨彼此。為了化解衝突的氣氛，賢明的父母一定得找到孩子稚氣可愛的一面。

在英國詩人派特莫爾（Coventry Patmore）的詩作《玩具》中，父親把孩子痛責了一頓，稍晚他走進臥室，看見孩子睡熟了，但睫毛上的淚水還沒有乾。在近床的桌子上，孩子放了一塊紅色石子、七八個蚌殼以及兩枚銅幣，還插了幾朵藍鈴花在瓶子裡。那些是他最愛的小玩意兒，排列得像藝術作品一樣，是他在傷心時用來安慰自己的創作。看到這動人、弱小又可愛的舉止，父親才懂得孩子的心，於是發自內心懺悔了。

面對青少年的問題，我們應當回想起自己的成長過程，不要去傷害他們，因為那個年紀的想法、脾氣和感情都還不成熟。做父母的要保持清明的頭腦，才不會常常錯怪孩子。

二十歲時，每個人都會想：「如果自己有了孩子，一定會和他們很親近。

我父親沒做好的，我一定會做到。」

五十歲時，我們差不多都為人父母一段時間了，孩子都成人了，也開始對自己當父母有所期待。等到他們又邁入中年時，又輪到下一代去追求那完美父母的幻夢。

我們因此瞭解，親子間的傷害與衝突是如何造就了「無情義的年輕人」。在童年時，每人都像活在天堂一樣，環境好、飲食佳、過得快樂又溫暖；充滿善意的神仙父母賜與了這一切。當孩子開始接觸外界，得開始學習、勞動，就會受到衝擊。上學後，生活圈裡添加了新朋友，他們開始一起責怪父母的問題。他們才發現，以前在心中看作是和空氣、水分同樣重要的人物，在同學的目光中，只是些奇怪或平庸的大人。勞倫斯描寫道：

在這個人際交往的新天地中，人人充滿熱情。子女與父母的關係就算沒有因此中斷，也會開始鬆動。外人突破了親子關係，闖入了孩子的靈魂中。

這也是孩子的反抗期，做父母的應當欣然接受。前面已指出，所有的家庭生活都有實際與平板的那一面，即使是宗教與藝術亦無法使它昇華。年輕人大都是理想主義者，總會覺得，父母的老生常談與勸告都很傷人。他痛恨家庭和家規，只希望去追求更純粹的東西。他幻想著至高又至美的大愛。他需要溫情，更需要友誼，而朋友間總是有各式各樣的承諾、祕密和真心告白。

然而，朋友也是最容易令你失望的人：承諾沒有實現、真心話被洩漏或是伴侶不忠實。年輕人處處好勝，而他所嘗試的事情都會以失敗收場。於是他憎恨社會。他的理想落空，因為夢想與現實的落差太大了。

在人類的生活中，尤其是對優秀的人來說，那是最悲慘的時期。青年是最難熬的階段，真正的幸福，倒是在中年後比較有機會實現。幸好，在戀愛、婚姻與生子的洗禮下，這危險的時期才不會那麼空洞，有家人的支持，生活才會比較踏實。阿蘭曾言：「在家庭、都市生活與工作等因素的緩衝下，個性才不會太傲慢，焦點也會回到現實生活中。」

這些過程像無限迴圈一樣，在下一代身上也會重複一遍。因此，「無情義的年輕時期」最好大半在家庭以外度過。在學校，我們能接觸到外在世界，家裡就比較像是尋求庇護的隱遁所了。除此之外，父母也得常常回想自己的青年時代，而聽任孩子們自己去學習人生。父母做不到的話，由祖父母來代替也可以，因為年紀更長，心情較為平穩，比較不會有什麼苛求，想法也更自由。老人家一回想自己當年的情況，就更能瞭解新的一代。

從以上的討論中，我們得到哪些具體的結論呢？第一，家庭教育對於兒童非常重要。無疑地，壞孩子的性格是能改造的，甚至從他們的偏執個性中，可以找出獨特而有天分的一面。不過，若能給他一個幸福的童年，他的人生就有機會過得比較順遂。

怎樣是幸福的童年呢？父母間毫無嫌隙，對孩子溫柔有愛，並能維持家庭成員的生活紀律。此外，要一視同仁，平等地對待兄弟姊妹。更須記得，孩子到了不同的階段，性格就會轉變，父母的勸告不宜多，應謹慎發言；以身作則才是唯一有效的建言。還當記得，家庭必須經得起大千世界的長風吹拂。

說完了這些，「家庭是否為持久安定的制度」，這個問題應該有結論了。我相信家庭是無可取代的，理由與婚姻一樣，它能使人的本性變得有社會成分。所以我們才說，年輕人離開家庭是有益的。但無論你過何種人生，必定會有一段時間，懷著欣喜與安慰的心情，回到這最自然的團體生活中。男人在經歷了求學階段和必不可少的流浪生活之後，也總是會回到家鄉。無論是大學生、哲學家、行政官員、軍人或藝術家，在淡漠的環境與冷酷的人群中待了一天後，都會在晚餐時刻的餐桌上恢復子女、父母或祖父母的身分，或更簡單地說，恢復成平凡的人。

人生第二大問題：如何經營美好的家庭生活？

答：賢明的父母一定得找到孩子稚氣可愛的一面。面對青少年的問題，我們應當回想起自己的成長過程，不要去傷害他們。此外，應該從小幫孩子培養規律的習慣，否則長大後註定要受苦。

第三章 友情比天高

友情是偶然出現，需要經營才能長久

隨著歷史演進，夫妻與家庭已成為所有文明社會的基本元素，我們前面已經解釋原因為何。那些情感是如此重要，它們基於人根深蒂固的天性，但能帶我們超越自私，進而學習愛。

現在我們要研究一種全然不同的關係，其中智慧與情感超越本性，甚至改變了本性。這就是友誼的影響力。

為何這種關係是社會生活少不了的呢？難道出於本能自然產生的關係還不夠嗎？夫妻與家人為何不能盡量減少衝突，讓彼此成為人生中必不可少的伴侶。對於這一點，我們首先應該解答的是：為何有許多人終生都不知道，婚姻生活如何能長久？

為何他們逃避婚姻呢？其實是只沒有遇到理想的對象而已。我想這是因為，女性的人數比男性多，而在一夫一妻的制度下，不能選中好丈夫。

而且，不論男女，只要你心靈和感覺稍稍細膩一些，便不能接受任何一種婚姻。你對於伴侶的選擇，會有堅決的主見和偏好。有人懷疑說：「在人生無數次的相遇中，竟然物色不到一個使自己幸福的伴侶。這絕對是不可能的！」當然可能。有些人過著幽密的隱遁生活，什麼人都闖不進他們的生活圈。還有一些人出於偶然的人生經歷，生活在觀念與做法全然不同的環境中，所以會覺得婚姻既麻煩又討人厭。

也有人不積極尋找伴侶。他們童年時受到欺負，對於肢體接觸非常恐懼，認為愛情太過神祕，所以放棄走入婚姻。要有勇氣才能發下這終生的盟誓；進入婚姻時，得如跳水選手那樣快速果斷。這勇氣並非人人都有。

有些人太想走入婚姻，但他們所選擇的伴侶其生活方式與自己的期待大不相同。或許因為驕傲，又或許因為後悔或怨念，他們終生死守著這段婚姻，過著某種孤獨的生活。他們也許會後悔，但大都以為自己很有想法，所以多年來不願放下自己的堅持，但那其實只是單純的執拗而已。

也有些人到晚年才感慨：「昔日的情懷早已消逝。」青春已逝，情場角逐的機會已經消失，你也無法再適應另一個人。接下來我們會談到，夫妻生活要協調，有賴於彼此用婉轉的方式溝通，溫柔地順應彼此的意願。自然而然地，獨身者會變得更加封閉，只能獨自居住，不能和他人共同生活。他即使有意願，也沒辦法好好地扮演丈夫或妻子的角色。

這些人勢必得找出另一種生活方式，才能解決困境。他們孤獨地生活著，個性變得不近人情，有時舉止還像發瘋一樣，沒有人能夠忍受。他們在何處才能覓得屏障，以抗禦此種苦難呢？從其幼年的家庭生活開始防範嗎？

我們已談過，家庭不能提供助力，讓孩子完滿地發展能力，因為家人太過寬容，反倒會阻撓他的成長。有一些獨身者從小只依賴家人，其晚年的境況是不難想像的。巴爾札克在小說《邦斯舅舅》中就有提到，家庭關係含有許多不安定的因素，有時令人變得平庸，甚至帶有醜惡的一面。邦斯最後靠朋友的協助才得救。

有些人順利組成了家庭，有些人有很好的伴侶，有些家長與孩子的關係非常和睦，還有些人像唐璜一樣，有一千零三個愛人；但他們都還需要別的東西。前面已提到，在家人與愛人面前，我們的思想與情緒不能全部表現出來，凡是我們心中最關切的事情，在他們面前都不能說。

我們和家人的關係是基於血緣關係，而不是精神的，所以彼此輕易地就能相愛。在愛情中，除非能從愛人昇華成摯友，否則你們只是互相扮演喜劇角色，以維持美滿的婚姻生活，不容許對方傾吐真心話。不論是孩子、父母、丈夫、妻子、愛人或情婦，心靈深處多少都隱藏著不想說的事情。尤其，許多人都蘊藏著對於家庭、婚姻、父母或兒女的怨艾。

而凡是不說出來的事情，都能深深毒害你的心靈，有如包藏在傷口下面的細菌會毒害身體組織一般。我們需要找人談話、傾訴，也需要想起自己的本來面目。在家人或愛人面前，可以過著隨心所欲的生活，但我們還需要在思想與精神層面能有所解放。

跟密友傾訴，就能發洩深藏已久的情緒，一吐胸中的積怨。這位知己就是我們的生活顧問，即使他沒有表示意見，那些繁雜的心情也會變得更有條理。因此，除了愛人，我們應有一些知己；在家庭之外，我們應有一小群好友。

這群好友的情誼一般是基於個人的自由選擇，有時則是基於共同生活的默契。我們接下來要討論的，便是這種經由個人選擇、如家人一般的好友。

友誼是怎樣誕生的呢？對於母愛，我們就不需要提出這問題，嬰孩一誕生，就會出現這種本能的愛。至於性欲，答案也似乎不難。一瞥、一觸，都會引起愛人的欲想和渴望。「愛始於愛。」真實、強烈的愛情是最突兀的。

在莎士比亞的戲劇中，茱麗葉看到羅密歐之後，便跟乳母說：「那位青年是誰？如果他已娶妻，我唯有把墳墓當作我的雙人床了。」愛情不是建立在道德價值上，也不是智慧，甚至也不是愛人的美貌。在《仲夏夜之夢》中，美麗的妖精皇后提泰妮婭俯伏在工匠波頓的身邊，雖然後者的頭變成驢子了。愛情是盲目的，這句平凡的老話畢竟是真理。

我們總覺別人的愛情難以理解。每個女人都會打量其他夫妻：「她在那男人身上看到些什麼呢？」在不相干的外人眼中，有些伴侶關係像貧瘠的園地，但事實上，當中卻會產生強烈、壓制不住的情感，因為有欲望在培養它。

友誼的誕生卻遲緩得多。表面上，它很容易被愛情比下去，有如柔弱的植物容易被旁邊的大樹壓倒。拉羅什福科曾言：「大多數的女人不大會被友誼所感動，是因為相較於愛情，友情顯得平淡許多。」平淡？那可不，友情出現時，彼此的內心都十分明澈。驢子頭始終不是人類的頭，怎麼能迷戀上對方呢？既然彼此頭腦清醒，又毫無互相吸引的肉體魅力，怎麼能誕生友誼這密切的關係呢？

在有些情況下，這種關係產生得極為自然，理由很簡單，因為所遇到的人有難得的優點，對方也很有自信。友誼如霹靂般突然出現，從對方的一瞥、一笑、一顧、一盼，我們立刻能辨別出，他是與自己氣味相投的靈魂。朋友那些可愛的舉動，證實他有顆美麗的心靈。如同愛情始於愛情一樣，友誼亦始於友誼。

在此突然產生的友誼中，你選中的朋友不一定是高人雅士，畢竟優劣的判斷是相對的。少女會結為閨密，同出、同遊，其他朋友想加入的話，會覺得很討厭。因為種種偶然因素，天生絕配的好友就這麼出現了。

但除了少數例外，這種隨性產生的友情通常不能維持很久。婚姻制度有助於延續愛情的熱度，同樣地，甫在萌芽中的友情亦需要外在的規範。人是懶惰的，倘若沒有絲毫推力去刺激那初生的情感，彼此就很容易毫無理由地為了一些小事而感到厭倦。

我們總不時聽到有人抱怨：「她反反覆覆、嘮叨不已，老是在講那些事情」、「他動不動就在生氣」、「她老是遲到」、「他真討厭，老是在埋怨別人」。

這時，朋友間便需要外在的推力了。學校、軍隊、輪船、公務機關等等生活環境，都含有家庭式的規範，而這是有益的。人們必須過著團體生活，在當中慢慢地互相瞭解，學著適應彼此。我敢向你們保證：「無論是誰，只要獲得他人的理解，對自己一定有益。」

然而，偶然出現的友誼不一定貨真價實。法國作家伯納德（Abel Bonnard）有言：「人們常常因為找不到知己，所以隨便找些幾個朋友聊天，以求得安慰。」真正的好友必須經由嚴格選擇而來。法國哲學家蒙田與作家鮑埃西（Boétie）是好友。蒙田認為鮑埃西有卓越才華與優異的情操，所以不但敬重他，還對他很忠心。

但不管是男人或女人，對於所敬重的人，不一定有如此的情懷。有些人會嫉妒人家的優點，不想學習對方高尚的品格與美德，還對他吹毛求疵。還有一些人怕自己禁不起內在良知的批判，故寧願和較為寬容的人廝混。

伯納德說：「只要你不憎惡人類，相信人群中還四散著許多偉大的靈魂、領袖人才以及可愛的心靈，而孜孜不倦地去尋訪。而且在找到之前，便已愛上這些人。這樣你就能享有真正的友誼。」

這樣的見解是強調友情的心理作用。我再附加一點。如果你溫柔地愛戀他人，那麼除了愛上對方的優點，也不妨欣賞他可愛的缺點。不過，人們很少徹底愛上不常微笑的人。過於完美主義的人，多少都有點不近人情，容易讓身邊的人感到沮喪。大家都會欽佩、尊敬他，但不會想跟他交朋友，因為他令人膽怯。真正偉大的人物總有些明顯的缺點，所以才讓人有親切感，而感到有趣。我們永遠喜歡這樣的人。

因此，概括來說，友誼之誕生有以下原因：在偶然的機緣下，透過一盼、一言，令兩人的靈魂與性格相互吸引。接著，透過環境的規範以及堅決的意志，使這萌生的友情逐漸成長。最終，兩人感情到達心心相印的程度，在精神上十分相契，沒有任何外人可比，甚至遠於骨肉至親。這便是真摯的友誼。

真正的朋友間毫無利害算計

此刻，我要更深入地探究。友誼這偉大的情操，有時竟和最美的愛情不相上下，那它跟膚淺的「熟人」有什麼區別。

拉羅什福科說：「所謂朋友，只是一種小團體，只是為了互助和交換利益，禮尚往來一番。總而言之，在這交易中，每個人出於自尊心，永遠只想占對方的便宜。」拉羅什福科真是苛刻，或至少他愛自以為一針見血，但他在此所描寫的人際關係，其實不是友誼。

不，友誼永遠不能成為一種交易。相反地，朋友間最需要的，就是毫無利害的算計。有些人在有需要時才來找我們，但我們為他付出後，便置之不理。這種人我們從來不當作朋友看待。

當然，要發現朋友間的利害關係不太容易，因為擅長此種交易的人，手段都很巧妙。我記得有位丈夫跟妻子說：「你應該對法蘭克夫妻更熱絡一點。」

妻子答道：「為什麼？他們非常討人厭，你又用不到他們。」丈夫說：「你真不聰明，當他回任部長時，我便需要他們了。這是早晚的事。他會特別記得在野時對自己好的人。所以現在多跟他示好，他會更感動。」妻子十分敬佩地說：「你說得真有道理，這才能顯出兩人的交情。」的確，但那絕不是友情。

在社交活動中，彼此互相效勞，這種交易很自然。雖然大家尊敬彼此，但顧忌更多。在這些交際應酬中，每個人都把帳記下來了：「我會頒給他勳章，而他會在報紙上誇我一番。」

真正的友誼是沒有這種算計的。當然，有需要時，朋友間應該互相幫助，但真正的朋友是自然而然地付出，事後也會忘掉，或至少不放在心上。法國作家拉封丹（La Fontaine）貧困時，朋友請他到家裡住，他答道：「好，我去。」我們不應當懷疑朋友的好意。

為人效勞後，當避免出現虛榮與得意的心情。出於天性，我們看到他人貧弱時，會感覺到自己有能力幫他，除了展現真誠的憐憫心，還會加入一種不可言喻的溫情。對此，苛刻的拉羅什福科又言：「看到自己的好朋友遭逢厄運，我們總能找到一些值得高興的事情。」莫里亞克在《外省》一書中說：「我們很願幫助不幸的人，但不喜歡他們還留著客廳裡的高貴座鐘。」

他接著寫道：「只要你還活得幸福快樂，就會有許多朋友；如果時代變了，你會孤獨一生。」不，我們絕不會在災難中孤單一人。那時不但惡人會幸災樂禍，而那些跟你一樣不幸的人也會走向你。當初他們看你很幸福，所以不敢親近你。但現在你遭逢厄運，所以他們覺得與你更靠近了。可憐的雪萊，他還未成名時，比顯赫一世的拜倫朋友更多。只有高尚的靈魂，方能心中毫無利害算計，做一個同甘共苦的朋友。

因此，沒有算計彼此的利益，才能成為真正的朋友。想幫助朋友的話，應當猜想對方有什麼煩惱，在他尚未開口前先出手相助。因此我認為：「找出朋友有趣和值得敬佩的一面，來往時就會更愉快。從利害考量去跟人交往，常常會令彼此難堪，甚至得請求一方的施捨。」所以，當朋友需要我們付出時，我們應該先料到他們的需求，以免他們得苦苦哀求。財富與權力，其唯一的功用、與可愛之處，就在於能用它們來幫助他人。

除了不要算計太深，互相尊敬是友誼的另一要素。有些人會質疑：「真的嗎？我有一些好朋友，但我沒有敬重他們啊！尊敬與愛當然不同。老實說，我不覺得自己有尊敬對方。」我認為這是一種誤解，因為他們不曾看透彼此實際的想法。

我們都有朋友，也對他們常常說出令人難堪的事實。沒有這種的真誠態度，彼此就不算真正的朋友。但有些批評從別人的口說出，我們會動怒，但朋友說的話，我們就能忍受。這原因不外乎是，我們都知道，除了那些批評的看法，他們也在許多方面敬重我們。

所謂敬重，並非他們覺得我們有多高的德性，也不是我們有多聰明。那是一種複雜的感情。朋友觀察過我們的優點和缺點後，才選擇結為好友，而且愛我們甚於他人。

唯有尊敬方能產生真誠的態度，這個要點應當明白。朋友愛護、讚賞我們，所以對他的批評，我們都能接受。因為我們面對他的責備時，不會喪失自信（連這種基本自信都沒有的話，就很難生活下去）。

作家若要維持這種美滿的友誼，也得靠這種複雜的感情。法國詩人布耶（Louis Bouilhet）會嚴酷地批評福樓拜的作品，但不會傷到對方的尊嚴，因為他把福樓拜當作大師，後者亦知道這點。不過，我們得提防另一種「真誠的朋友」，他們太坦白了，只會令人喪氣。他們毫不顧慮對方的心情，只會批評缺點，好的方面卻充耳不聞。最後我們不得不提防他們再說我們的壞話。

也得提防多疑的朋友，我們對他的敬愛，他永遠也沒記住。他不懂每個人的困難，因為人的言行總受到個性的影響。他老是在觀察我們，把種種情緒、煩躁、脾氣都當作有意義的徵象。多疑的人永遠不能成為好朋友。

朋友間需要完全的信任感，否則不如不要結交。如果要不斷地分析對方的想法，並一再校準、縫補以及恢復關係，那友情只會增加人生的苦惱，而絕不會產生愛、能量和助力。但若信任錯誤的對象怎麼辦呢？也沒有關係。我寧願被虛偽的朋友欺弄，而不願猜疑真正的朋友。

那麼，在毫無保留的信任下，是否要跟朋友傾訴全部心事？我想，不這麼做的話，很難產生真正的友情。前面說過，交友的目的之一，在於把隱藏在心靈深處的情懷拿出來公開討論，以平衡自己的心情。況且，如果朋友所尊敬的不是實在的「我」，而是虛幻的「我」，那麼這種敬意還有什麼價值？

兩個人在談話時找不到回憶的線索，談話便繼續不下去。只要你往深處探測，觸到了心底的隱密之處，它便會如泉水般飛湧出來。在枯燥的談話中，忽然觸及了意料之外的話題，的確令人感到痛快。

只是，朋友傾吐祕密後，聽的人也不容易承擔。要有極大的警覺心，方能保守住朋友的心事。聊天時，總有人喜歡透露大家不知道的機密，好在眾人前炫耀。當自己的心底搜索不出什麼話題，人們總會拿出難得的祕聞來打動對方。於是，某個好友的祕密被洩漏了，而那是他當初料想不到的。

法國哲學家巴斯卡說：「每個人對我們的看法，在我們面前說的是一套，背後一定又是另外一套。人與人間的相愛只能建立在相互欺騙上。假使你有機會知道朋友在你背後所說的話，那想必你跟許多朋友的感情會馬上破裂。」法國作家普魯斯特也說，如有你有機會能看到自己在別人腦中的形象，一定會感到很訝異。對此我再補充一句：「就算是愛你的人，其腦中對你的印象，也會令你惶惑。」因此，狡猾之輩不必撒謊，坦承說出你那些不檢點的想法，那你內心對自己美好的想像就會解體。

對於這種危險，補救方法列舉如下：

一、有些真心話非常機密，也很危險，只能對一些有相關職業道德的人傾吐，也就是神父或醫生。我認為小說家也可以，他們會轉化成文學的形式來表達。故在現實生活中，小說家比較能守密。

二、有的人總愛抱怨某些朋友如何說他，不論那些話是否令他難堪，或使他與朋友失和，應該一律以極嚴厲的態度應對他。對你來說，最好的辦法不是和他抱怨的對象決裂（那些指責往往無從證實），而是與這個愛抱怨的人翻臉。

三、無論在哪種情況下，你都應該護衛自己的朋友。你當然不該否認事實，但你的朋友不是聖人，他們難免會犯下重大的錯誤。有人批評你朋友時，你應該勇敢地說出，那位朋友是你永遠都敬重的人。我認識一位女性，有人在她面前批評她的閨密。這位女性只有簡單答道：「那是我的朋友。」便拒絕再談下去。我認為這才是明智的做法。

由此，我們歸結到這個重要的觀念：友誼如愛情一樣，需要誓約來維護。作家伯納德所下的定義即是如此：「友誼是出於我們的自由意志與選擇。他們的個性是我們選擇的根據。我們一旦愛上他，便應永遠關心他。」阿蘭的定義也極為相似：「交朋友是為了追求自由與幸福。朋友間天生的默契，最後會化為永遠不變的情誼，不受情欲、利害關係、競爭和偶然因素所影響。」他又言：「還要有始終不渝的決心，否則友情是不容易維持下去的。」

有些人翻閱朋友名單就像看時鐘一樣，愛與不愛彷彿像冷熱感覺一般隨便。看重現實的人總是說，他們的情感是建立在事實上。所以他們的友誼契約是這樣訂的：「友情沒中斷的話，我是你的朋友。交朋友看心情，我不負任何責任。也許到了明天早上，我覺得對你沒感情了，就會直接說出來。」這種措詞表示他並不愛自己的朋友。不，友情絕對不需要任何條件，一朝結為朋友，便永遠有情誼。

衛道人士總說：「怎麼，如果你的朋友做了壞事，入獄監禁，甚至上了斷頭台，你還是愛他嗎？」當然如此，在司湯達的小說《紅與黑》中，主角朱利安的朋友富凱，還是想把野心勃勃的朱利安送上斷頭台。在吉卜林詩作《千人中的一人》中，也有這一段話：

所羅門王說，千人中之一人，他對我們的支持，勝過自己的兄弟。我們應該去尋找這樣的人，即是二十年也不算苦。如果能夠尋到，二十年的苦還算值得。其他的九百九十九人沒有決斷力，在我們身上看到的，仍與世間其他俗人無異。但千人中之一人卻愛他的朋友，就算大眾在他朋友的家門前大聲斥責。

我們交給朋友的，絕非只有禮物、歡笑、服務與請求……那其他九百九十九人，只看財富或名聲就批判我們。因此，我的兒子！為了找到他，哪怕要遠涉重洋，也不用膽怯，因為千人中之一人會跳下水來救你，如果他救不了你，也願意和你一同溺死。

如果你用了他的錢，他應該不會放在心上；如果他用光了你的錢，也不是出於惡意。明天他仍會到你家裡談天，沒有一絲抱怨的語氣。九百九十九個假朋友，一天到晚只會把金錢掛在嘴邊。但千人中之一人，絕不把他所精選的朋友送給邪神當祭品。他的權利跟你共享，你的過失由他擔負，你的聲音是他的話語，他的屋簷是你的住家。

不論他做了什麼有理與無理的事，我的兒子，希望你好好維護保護他。九百九十九個俗人，一看到你倒楣，見你可笑，就會閃得遠遠的。但千人中之一人，會和你一同走到絞刑台旁邊，也許還會一同與你赴死。

男女之間是否有純友誼？

一千個男人或一千個女人中，是否有一個是你真正的朋友呢？我們且來辨別兩種情形：女人和女人的友誼，以及男人和女人的友誼。

女人能成為真正的朋友，稍加觀察便可輕易證明。但注意一點，年輕女性的友誼帶著許多強烈的情緒，年輕男性的友誼則比較平穩。女性通常是為了對抗共同的敵人，或是有祕密的協定，才結為好友。敵人有很多種類型，往往是彼此的家人，或是其他的女性。她們也會把所有男性當作敵對的異族，所以要聯合全體女性去一起對付。這種互助、共同對抗敵人的行為，應該是因為女性身體比較弱小，也因為長久以來被社會過度約束。十九世紀時，少女內心中最真切的想法，在家裡一點也不能說，所以她需要知己。巴爾札克的《兩個新嫁娘》便是一例。

如果婚姻生活很美滿，女性就會暫時跟閨密切斷關係，甚至不再聯絡。兩種同等強烈的情感不能同時存在。如果婚姻失敗，閨密就有機會重新擔任她的角色。她們又能再次一同對抗敵人了，這次的對象不是家人，而是丈夫了。不少女性會組成聯盟，終生投入反抗男性的運動。

這種盟友關係很堅固，除非她們得爭奪同一個男子。眼見閨密和自己愛戀的男子過著幸福的生活，能夠忍受、毫無妄念的人，通常有偉大的精神，對於自己的幸福也有自信。有些女子，因為意志力較為低弱，一看到這等情景，便禁不住衝動，想立刻破壞他們以取而代之。

這時，她們想追求的，並非那位男性，而只是為了反抗另一個女人。這種情感的轉化過程，使女性比較容易交到朋友，畢竟在我們的社會中，愛情並不占據重要的位置。美國的情形便是如此。那裡的男性遠不如歐洲人那麼關心女性。角逐愛情在美國人的生活中只是次要的，故女性結為好友的可能性較大。

知識和心靈層次都很高的女性，當然很容易結交到志同道合的朋友。拉斐特夫人和賽維涅夫人便是個好例子。她們從年輕到老死，友誼從未有裂痕，情感的熱度亦未稍減。她們偶有爭論，但只是吵著誰比較愛對方。賽維涅夫人的女兒格里南夫人非常嫉妒母親的友誼。在一般情況下，我們總是會嫉妒家人跟朋友的感情太濃烈。

這也很容易瞭解。朋友是你的心腹，不管是男性或女性，幫你一起對付家人。結婚後，許多妻子都會導致丈夫與朋友失和。

只是，我們在論及婚姻問題時也談到，男性有典型的談話方式，只吸引男人，而令所有的女人感到厭倦。這無異是一種奇特的友誼。自有戲劇以來，丈夫和妻子的情人變成朋友，是個諷刺的好題材。這是搞笑的嗎？無疑地，這兩個男人有許多話可以聊，比情人與情婦更加知心。他們誠心交流。男人跟情婦感情會好，往往是因為對方有丈夫。一旦丈夫不願再擔任居中影響的角色，決定出外遠行或乾脆離婚，那這婚外情的關係也會立刻破滅。

於是，我們便遇到難題了：男女間是否有純友誼？能否和男人間的友情那樣單純而愉快？一般人往往持反對意見。大家總是質疑：男女的來往中怎會沒有性的成分？

難道女人（哪怕是莊重的）都不會覺得，自己多少受到男人的掌控嗎？男人若在女人身邊，自由地像朋友一樣相處，從不感到有何欲念，就是反常了。無論如何，情欲的機制會自動發生作用。

為了要征服女人，男人絕不會完全的真誠。他不但會嫉妒其他的男人，內心還會掀起波瀾，讓自己無法平靜地思考。

朋友間需要信任感，兩人的想法、經歷與期望會愈來愈一致。但愛人相處時，只想取悅對方，信任感還是其次。而兩人的想法與經歷會摻雜了許多狂亂與怯弱的元素。

友情能帶來安全感，朋友會細膩地照顧你，為你保守祕密。愛情則是一種強大的愉悅感，但威脅感也隨之而來。因此有人說：「朋友犯錯的話，哪怕情節再重大，你還是會原諒他。但戀人不忠實，哪怕只是細微的過錯，你也不會寬恕他。」友誼的價值在於，你能在他面前自由自在地放任自己；愛情卻令人擔憂，讓你終日心神不寧，唯恐失其所愛。在狂熱的激情中，誰還會表現諒解、寬容與有智慧的那一面呢？唯有不愛的人才是如此。

許多人會拿出實例來反駁我們。雖然歷史上許多人物，包括文學家，看來都有男女間的純友誼。但其實這些例子都是虛幻的友情，並可以歸納成三種類別。

第一類是弱者。他們心中有愛的雛形，但因為沒有勇氣表達，所以放在內心深處。普魯斯特細膩地描繪了這種不夠強大的男子。女人光憑直覺就能識破他們隱藏的心思，但因為敬重他們，所以還能一起相處。

對於這些童話似的人物，她們也會說幾句溫柔的話，做一些俏皮的舉動。她們當對方是朋友，但終會為了情人而放棄他們。盧梭、法國作家儒貝爾（Joseph Joubert）以及瑞士作家阿米耶爾（Amiel）都有這樣的女性朋友。有時，女性自己有童話性格，在這情況下，她跟男性友人就會有曖昧的友誼。最顯著的例子就是法國社交名媛雷卡米埃（Juliette Récamier）女士。這些友誼雖然具有愛情的色彩，卻暗淡得可憐。

第二類是老年人。他們想從友情中尋求慰藉，因為已過了戀愛的年紀。這個時期最適合男女結交為好友。為什麼？因為我們那時風采已經不再了。既無法賣弄風情，嫉妒也沒有用處。他們心中只有陳舊的回憶與過時的觀念而已。正因如此，老年人間的友誼都是精神性的，並帶有一些惆悵的韻味。

老少配的友誼比較複雜，但也挺常見。年輕放浪的才子如拜倫，就與年長的曼普納夫人結為好友。曼普納勳爵在晚年徹悟時，也與年輕的維多利亞女王有一段美好的友誼。不過，年紀較長的那位朋友，總不免感到對方太冷淡。這種關係也許稱不上為友誼，其中一人單戀著對方，雖有感情卻很落寞。

第三種則是過去的戀人。他們曾經有甜蜜的回憶，而現在只剩淡薄的情感。如果分開時沒有失和的話，他們就會從愛人轉變為朋友。在所有男女的純友誼中，這一種最為自然。

兩人之間已經沒有性吸引力，但回憶仍在，連結也還在，所以非陌生人。有鑑於過去的情感，他們避免再有嫉妒之心，也不賣弄風情。此刻，他們可以自在地成為夥伴，既然都那麼熟悉彼此，他們的友誼會比一般朋友更緊密。跟同性友誼比起來，這種友誼全然不同，多夾帶了一些不安的情緒。

以上便是衛道人士對於「男女間是否有純友誼」的質疑。要回應這些批評並不困難。有些人只用欲望去衡量男女關係，但這種價值觀非常狹隘。男女間不但可以有知識的交流，甚至比同性之間更流暢。歌德說過：「求知欲強的女學生加上有教學熱誠的男老師，就會成就最美好的友誼。」

有些人認為，在這女學生對知識的好奇心底下，其實藏著潛意識的欲望。

但這又有什麼關係，如果這欲望能激起求知欲，消滅虛榮心！就天性來說，男女之間相互合作與欽佩，比著競爭更有益。在這種關係中，女性可以順利地同時扮演她兩種角色：她賦予男人精神力量與勇氣，而單身的男人不曾獲得這種鼓勵。

兩個年輕人若透過知性上的交流而走到婚姻的路上，那他們的愛情就會充滿熱情和力量，而且非常踏實。有共同的理想與任務，夫妻生活就會有穩定的重心。他們沒有不切實際的幻夢，而是逐步地實現想法。而且在忙碌的工作中，空閒時間便減少了。我們前面談到，事實上，不少幸福的婚姻數年後都會昇華成真正的友誼。他們互相尊敬並重視心靈上的交流，是最美好的一種友情。

除了結婚，男人和女人還是有機會成為可靠、難得的知己。但對他們來說，友誼就不會比愛情還重要。作家勞倫斯曾寫信給一個女子，內容奇特又殘酷。這女子向他提出要求，想成為知性上的朋友，勞倫斯答道：「男女間的友誼是一種複雜的情感。所以，我不要你單純的友誼。妳尚未體會到各種情感，還無法理解靈魂與身體如何融和在一起。我不要你那種片面的情感，如你跟其他朋友的關係那樣。」

勞倫斯說得有理，他的論點值得深入討論。我和他一樣相信，單純的友誼，不論是知性或感性的，都不是女人生活中基本的情感。女人受到身體因素所影響，而且程度遠大於她們自己所以為的。她們在感官上所喜愛的人，在她心中永遠占著首位。不管哪位愛人提出什麼要求，她一定會先放棄男性好友，無論對方跟她在精神上有多契合。

女性最大的危險在於用愛情來包裝友情，在男性朋友面前賣弄風情，以及用思想來掩飾她的欲望。男人若聽任女人如此擺布，那是更危險。在幸福的愛情中，人都會對自己有信心，但在那種關係絕對找不到。瓦雷里有言：「愛情真正的價值在於，它在能增強人全方位的生命力。」

相對地，曖昧的友誼只是愛情的幻影，那反而會減弱生命力。男人以為自己快要用愛征服那位女人，但總是猜不透對方的心思，所以不禁懷疑自己，覺得自己無用。勞倫斯還說：「我拒絕這種微妙的友誼，因為它會損害我人格的完整性。」

關於男女間的友誼，這複雜的問題至少有兩種解決辦法。第一種是友誼結合愛情，所以他們的關係有精神與肉體兩種層面。第二種是彼此各有均衡的性生活。這樣，欲望獲得滿足的女子，不會再暗暗地把友誼變成不完全的愛情。

勞倫斯又說：「要成為朋友，就要全心全意跟我結合，不要那分裂又虛偽的片面情感，所有的男人都憎恨它，我亦如此。因此，問題在於找出你完整的人格。唯有如此，我和你的友誼才能實現，我對妳才有衷心而親切的感覺。」不管是男人或女人，若在生活中忘記了身體的重要性，才是真正不理性的人。

每個人都需要精神導師，在思想與行動上有所依歸

此刻我們要研究最高深的友誼，也就是宗師與信徒的關係。

剛才我們曾附帶提及，平常人沒什麼機會盡情地傾訴祕密，因為友誼如愛

情一般，是人類主動選擇的關係，所以會犯錯。最注重隱私、生活最認真的人，往往喜歡堅定的友情，所以他喜歡個性平穩的朋友。對於這樣的人，他才有充分的信任感。

我們說過，為了撫慰過往的痛苦回憶，「讓它們在社會中得到認可」是必要的。大多數男女都有理性與感性的衝突，明知道就社會規範來說，不應該太多欲望，但事實上內心卻很渴望。人類靠著文明與社會化，馴服了可怕的天性，但那鎖住的惡魔尚在牢籠中怒吼；牠們的動作令我們惶惑又迷亂。我們嘴裡背誦著法律，心裡卻不大願意遵守。

不少男女，唯有聽從精神導師的指示，在他高尚、客觀的言行中，方能找到自己所需要的如聖人般的知己。對於那些沒有信仰的人來說，唯有醫生的話才聽，因為後者對於自己的職業有崇高理念，因此說話比較可靠。他們秉持中立，以客觀精神聆聽著患者的懺悔，無論內容有多駭人聽聞，亦不能搖動他的專業態度，所以患者才能盡情地向他傾訴心事。

精神分析學家榮格曾謂：「我們應該適時批判那些前來乞援的人及其行為。畢竟醫生想幫助病人的話，應當先觀察這個人的本來面目。」我再補充一點，醫生不只是藝術家，也應運用哲學家與小說家的方法去瞭解他的病人。偉大的醫生不只透過肉體來治療精神，還反過來用精神去治療肉體。從精神層面來看，他是真正的朋友。

對於某些讀者來說，閱讀也能成自救的方法，因此小說家亦能成為未謀面的朋友。有些人自以為是惡魔，想著自己罪孽深重，個性如禽獸一樣，因此非常痛苦。突然，他讀到一部絕妙的小說，發現和自己相似的人物。他得到安慰，內心平靜下來了。他不再感到孤獨了。他的情感「在社會中得到認可」，因為另一個人也有那種心情。托爾斯泰和司湯達書中的主人翁幫助了許許多多的年輕人渡過難關。

有些人會把他的想法與念頭，完全交付給比他更有智慧的人。他折服對方的聰明才智，所以不願再強詞奪理。那麼，他不只得到一個朋友，而且有了精神導師。此種情操我非常熟悉，因為我把哲學家阿蘭當作精神導師。

這是什麼意思呢？對於一切問題，我都和他的看法都相同嗎？當然不是。我們關注的領域是不同的，何況在不少重要問題上，我和他意見並不一致。

但我繼續接受他思想的滋養，並帶著善意相信他的判斷。不管是哪個學派思想啟發了你，當中一定有著信仰的成分。選擇你們思想上的宗師吧，但選定之後，不要一心只想駁斥對方，應先試著去瞭解他思想的精髓。

精神性的友誼跟一般友情一樣，沒有忠誠度就無法發揮作用。唯有如此，你才能與偉大的心靈為伴，彼此有如精神上的家人。前天，人家和我講起格勒諾布爾（Grenoble）的一位木材業者，他是蒙田的友人。他出外旅行時，從來不忘隨身帶著那位思想大師的書。我們都知道，夏多布里昂（Chateaubriand）、司湯達等作家死後，是多麼受到後人尊崇。

不要猶疑，去尋找這種心神相印的友誼吧！即使到狂熱的程度亦無妨。偉大的心靈會將你提升到崇高的境界，你將發現自己心靈中最美最善的部分。若能和柏拉圖、巴斯卡神交，最沉穩的人也會感到興奮。誦讀經典好書，就是不斷地與大師對話，在我們的靈魂深處記住那些洞見。

有時，我們選擇的精神導師不一定是文學家或哲學家，而是行動家。他的身邊環繞著一群朋友，在他號令下投入各種工作。

同袍與夥伴的友誼最為美好，大家的目標相同，所以不會互相猜忌。他們如此幸福，因為行動加強了友情的深度，所以彼此間絕不會有卑劣的念頭。

晚上，大家相聚，逐一報告日間的工作成果。我們懷抱同一個希望，分擔這份工作的艱苦。軍隊和工程單位中最常出現這種情誼。法國元帥利奧泰（Lyautey）和美國總統老羅斯福的身邊，也都有這樣忠心的好夥伴。他們身為「領袖」，但不是以威權或恐赫手段來統治。他在屬下眼中也是一個朋友，而且心思還很細膩。大家都尊敬他，認同他的提案；他是這群情義兄弟的核心。

先前我們說過，社會要不斷發展茁壯，它的原始組成細胞一定要很團結，先是夫妻，最後是家庭。在我們的身體中，不但有結膜與表皮組織，也有錯綜複雜、相互連結的神經細胞，同樣地，社會的基本組成元素是家庭，它們聯合起來後，便產生了密切的關係。人與人在友誼、欽佩等情感的洗禮下，會有更緊密與複雜的關係。

雖然肉體之愛容易裂開，但靈魂之愛用輕巧的細線將它繫住，那些線雖然纖細，但社會沒有它們就不能緊密相連。現在，你們輕易就能看到，社會當中充滿多少美妙的愛慕之情與信任感。人人忠心地維護它的運作，以加深整個文明的基礎。

人生第三大問題：如何培養真摯的友誼？

答：除了愛上朋友的優點，也不妨欣賞他可愛的缺點。記住，友誼永遠不能成為一種交易。相反地，朋友間最需要的，就是毫無利害的算計。

第四章

政治如何影響經濟與人民生活？

政治體制總是在自由與威權之間擺盪

婚姻與家庭，雖然形式會隨著時間和空間有所改變，但還是相當穩定的制度。反之，政治和經濟制度則是搖擺不定的了。人類依照本性會自動適應環境，不過，現今有太多新奇的景象，所以我們被弄迷糊了。在這個時代，物理學家和化學家可以在幾十天內改變人們的生活習慣以及交易的商品。但貧窮的人民只有感到痛苦。他們缺少米麥、衣服，沒有住屋，也沒有交通工具。

科學家發明許多新奇的技術之後，人類只要付出一點勞力就能製造大量產品。我們克服了大自然的限制，許多人應該就此得到幸福了。但社會的反應很慢，不知道如何駕馭這些新力量。領導者沒有決心跟意志，所以在充實的倉廩前面，有人活活餓死；在無人居住的空屋前面，有人活活凍死。我們只知道生產，卻不知如何分配。我們鑄造貨幣，製造富裕的假象，結果把自己綁死了。以前建造的木橋，現在汽車一通行就會壓垮，以前的政治制度是為了管理單純的社會，現在它承受不起新式經濟的負擔，所以必須重新設計。

但千萬不要相信，這再造的重大工程很快可以完成。那是危險而幼稚的想法。只要花幾個晚上，就可以草擬一個計畫，但要花上許多年的經驗、嘗試與挫敗，才能改造一個社會。

沒有人那麼聰明，能全面看透所有問題背後潛藏的各種細節。更沒有人能完全預見到問題的解法與局勢的發展。一八二五年時，歐洲動盪不安，和今日同樣艱苦難熬。暴動的工人搗毀機器，但他們沒有預料到五十年後歐洲社會的穩定狀態。歷史學家麥考萊（Thomas Macaulay）當時只能預測，人類必須用盡全力，社會才能穩定下來。現在我們也抱著同樣的信念。人類的歷史沒有走完、才要開始前進。接著近百年科學發現而來的，一定是必要的社會改革。但社會要脫胎換骨、適應新科學，過程會很緩慢。我們先嘗試做些初步的討論，觀察一下當前的形勢。

現代國家，不論是何種政體，專制、寡頭或是孟德斯鳩提倡的民主政治，都有一個共同特點：政府全面掌控經濟發展。以前由私人公司所負責的發展任務，今日都改由國家管理。這權力是怎樣轉移的？

在經濟自由的世界，如十九世紀末期的法國，是由踏實的城鄉單位組成的。那時，全球無數的企業、銀行、農莊、商號與小店，每個人都在追求財富。他們沒有擬定什麼全盤的計畫，這千千萬萬的人有各自的情欲、需求與過錯，但加總起來居然實現了一種常年的平衡狀態。

不景氣的巨潮並非沒有，和今日一樣，它在當時也造成重大的災禍：無數的人失業、破產甚至家破人亡。面對這股猛烈的洪水，很快就有人找出抑制的辦法。每個企業的領袖都在研究經濟潮起潮落的變化，從歷史中參考以前人的生活經驗。很久以前，物價曾經低到人人可以毫無顧慮地購買商品。在法國，為數眾多的中小企業其實不害怕這些固定出現的風浪。他們的事業就像穩定行駛的船隻，不會裝載沉重的資本。對於過去經營家族事業的人來說，向銀行借錢是罪大惡極的事。

在過去，只要遇到不景氣，我們就縮減家庭開支，把財務漏洞塞住了就好。家裡的事業比較重要，生活需求可以降低。正確來說，當時家庭和事業合為一體，生意興盛，才能活得幸福。那時人們對於工作的忠誠度，甚至帶有一種神祕色彩，正因如此，才造就了許多龐大而光彩的家族事業。對於公司的忠誠度，以及追求工作上的榮譽感，是當時法國人最普遍的美德。

里昂、魯貝、諾曼第各地的大老闆，從沒想過要和同業聯合起來以避免競爭，更未想到在經濟恐慌時要依賴政府救濟。同業就是競爭者。他在社交場合（那時很少）遇到對方，只會客套、謹慎地問候一下。他們和各級官員的關係並不緊密，最多只是在罷工時請求政府保護工廠而已。

反之，政府卻很難注意到經濟問題。黨派之分野，多半是為了意識型態，很少為了人民的利益。經濟生活都靠人民的應變能力在維持。出於天性，人類自然會設法適應環境。

多數重要的事業能撐下去，便是因為社會有一套自然的因應機制。舉例來說，在大多數的工業城鎮中，許多不支薪的老師會借用公共場所來傳授技職知識。工商團體的會長與會計都不是高高在上，他們會在星期日去協會工作，包括整理帳目，但毫無報酬。在他們的努力下，國家不花一毛錢就有社會保險，雖然不夠周全，但是至少是人民自動自發的善舉，誠實又可靠。在英國與美國，私人企業在社會發展所占的地位非常重要。大學有自己的財產，醫院亦是獨立運作。

無限公司愈來愈發達，成為近代經濟活動第二階段的特點，但也和第一階段的許多重要元素同時並存。股份公司的出現，讓沒有資產的人能募集資本，去購買新生產技術所需的昂貴新機器，而一般民眾也能成為大企業的一份子。

但最後受惠的只有無數龐大的企業，股東到處都是，卻沒有負責的領導人。

如今，股票的發行與買賣所產生的利益，竟超過了工廠、礦產等實業。商業活動變成數字遊戲，跟人類求生、養家的艱苦事業更無絲毫關聯。實業家、商人與農夫在一生所能積聚的財產，取決於他們的工作與管理能力，所以往往是有限的。但今日，只要有公司合併或股票轉讓，經理人筆尖一揮，就能獲得無上限的財富了。

看一看數字。在美國，兩百家公司共同支配著六百億美金（約九千萬法郎），等於全美財富總額百分之三十四，而這二百家公司的職員與各級主管加起來還不到一千人。據研究顯示，當中有一些人絲毫不顧自己所管理的企業收益。他們拿自家的證券去玩投機遊戲，還會操弄公司的「資產負債表」以減少股東的利益；他們會捏造虧損的數字，以逃避高額的稅金。在他們的把持之下，市井小民如果想做一些小小的投資，就沒有客觀真實的數據可供參考。

義大利獨裁者墨索里尼說過：「在資本主義社會中，企業的資本額從數百萬轉為億兆，有如妖魔一般可怕。其規模之巨大，超越了人類的想像力，以前是精神控制物質，此刻是物質掌控精神了。原本健康的生活環境，現在都會令人生病。」

一次世界大戰以來，尤其在美國與德國，經濟發展宛如神話一般，雲端之上的世界，全被幾個妖魔統治著。大企業集中在少數人手上，自然的經濟活動就被消滅了。企業家獲利的欲望超越了其職業道德與榮譽感。在有些地方，政府試著保護傳統產業；但在另外一些國家，政府卻限制生產。投機客太愚昧了，竭力掩飾經濟危機，避免它突然爆發，殊不知這增強了爆發時的猛烈之勢。

人類原本有巨大的力量能改變環境，今日已失去功用。就像把海狸遷居到圖書館裡去，它們只能用書籍來築堤，但那是毫無用處的。同樣地，節儉的人拼命賺錢，而幣值卻在他手中漸漸消失、化為烏有。社會有嘗試做出許多補救措施，彷彿要「奮力求生」，但在影響最嚴重的地方，經濟活動的所有環節都已經停擺了。

如果大企業的主事者能謹慎從事，尊重自然的經濟規律，那人民就不至於毫無招架之力，大局就不會受到牽動。理想的話，讓一些自然派的商業領袖來左右我們的經濟活動，而這些明智之士都研究過相關的經濟法則。但現實中大多數的老闆充滿封建思想，不喜歡創造穩定的局勢，而寧願在商場上跟人廝殺。

以美國而論，華爾街的大人物任憑大眾去追逐一九三〇年的金價高潮，既不制止，也不警告，還不斷把假象滾大。他們漫無限制地貸款給外國人，毫不細究對方還款的能力。而那些前來借錢的外國人還聯合起來不還錢，債務人當場變成了敵人。美國人不曾清查瑞典火柴大王克魯格（Ivar Kreuger）的帳目。有位老羅斯福總統的顧問說過，美國最迫切的需求，乃是創立一所銀行家學校。

當那些妖魔自認無法阻擋自己的魔宮倒塌時，其職員和客戶自然而然齊向政府求援。國家應當行使公權力保護他們，找人訂購他們的貨品，設立機關讓他們有工作，控制貨幣波動以結束經濟恐慌，以公家組織代替私人單位。這時就到了第三階段，國家得強力介入，因為人民的生活出了問題，而資本家又推卸責任。

回顧這個歷程。在孟德斯鳩甚至到巴爾札克的時代，社會還是有機體，充滿活力。無數的細胞，如農村、小鋪子和小工廠，大家互通有無、供應彼此的需求，交織成這個社會層次分明的經緯。

接下來，幾個比較大的組織負責經營複雜的事業，如保險、教育與慈善等。這些大組織構成了國家的基礎，而政府無異這個有機體的頭腦。但頭腦不能全面控制細胞在肉體內發生的化學作用，所以政府也掌握不了大公司的營運與發展。在社會各個組織之間，在我國民眾與外國人民之間，政府是擔任聯繫與溝通的媒介。

在此歷程的末段，大部分的社會細胞都消失或被消滅了，其功能由頭腦與神經系統代為執行。在法國，自然經濟還不至於到無可救藥的地步，農業、手工藝和傳統商業依舊存在。然而，比較一下政府在一九三四年與一八三四年的職責，便知在我國與世界各國一樣，國家機器變得十分複雜了。在從前那麼艱難的時代，由獨立組織所承擔的工作，現在都壓在政府肩上。它能不能勝任呢？

團體行動一定要有一個領袖。不論是要打敗敵人或是鋪設路軌，從人類的本性上來看，我們都應當服從領導者的命令。但不知自然規律的領袖，反而會危及人民的幸福與安全。

威權與自由似乎是兩種矛盾的概念，但兩者我們都需要。這兩者的衝突很古老，自有人類社會以來就存在。民眾隨著局勢變遷，在兩者之間擺盪。面對艱難的階段時，他們便傾向威權體制；形勢穩定後，又端出了自由的口號。

這種轉變的例子很多，封建制度與君主集權都是從更早以前的無政府狀態中產生的。雖然法律規定比較嚴格，但終究被人民所接受，因為在那時代，君王是人民的救星。等到社會秩序恢復後，人民要求更高的社會意義，於是又向法律、君王與議會請求革新了。回想一下，封建制度不是在任何統治者的強力要求下才出現的。在未被憎恨之前，它也受到人民所渴望與支持。等到執政穩定後，人民才開始產生不滿。

專制政體最初獲得信任，繼而被懷疑，終於在十八世紀時釀成革命。法律是為活人制訂的，它和人類同時演化、生長，最後死滅。

行動有魄力、尊重人民的隱私並改換過時的制度以適應新環境，這三者的實現度愈高，政府的執政時間就愈久。在英國孕育、轉變的君主立憲，在一八六〇年左右，的確能符合上述三種標準。它尊重法律，同時顧及個人的幸福。當時政局很穩定，因為在民眾有所不滿時，政府有解決問題的機制。

如經濟組織一樣，健全的政治機構應當有即時的反應能力。十九世紀的君主制度包含有限的選舉權以及議會制，當時政府的財政彈性政策似乎奏效。有納稅的人民便有投票權，百姓自己監督政府的開支，只要花費過多，便立刻刪除預算。

但那種制度究竟不夠周全，因為沒有民意代表。其他沒有選舉權的民眾，唯有透過暴動與叛亂來宣洩不滿。於是法國大革命爆發了，英國政府則跟工人妥協了，決定開放男子普選。長期以來，所有公民都幻想著有參政權。透過普選制，人民選出的議會就像「常設的叛亂組織」一樣；它是政府認可的權力組織，有了它，民眾就不必在街上動刀動槍、拼得你死我活了。

有段時間，議會發揮了許多功能。但沒過多久，彷彿歷史的必然性一般，各種社會衝突使它越出了常軌。而衝突的主要原因是什麼呢？

首先是機械的發明。它不但改變了經濟制度，還改變了警察與軍隊的性質，因為它維持秩序的力量更強大了。除此之外，群體的覺醒以及科學新發現，都改變了人類的信念。因此，一個政治制度的優劣，須視變化多端的環境因素而定。在鐵甲無敵的騎士與銅牆鐵壁的城堡的護衛下，封建制度維持了好幾百年的秩序。但射擊火器與炮彈發明後，君主專制代替了諸侯分霸，之後大眾也靠著這些武器來推翻君主政體。

英國科幻小說家威爾斯（H.G.Wells）在今日預言，各種新式武器、飛機、坦克車等，使優秀的技術人員有制服大眾的能力，將來這些人會形成新的騎士團。加上傳播技術的進展（電影、無線電），黨魁或政府領導人要向民眾傳達政見就更容易了。不必受限於公共集會，可以像在古代城邦一樣，傳達給每一個人。

第二，普選制實現後，加上政府組織擴大，形成了財政上的愚民政治。今日監督國家支出的，已不是以議員為代表的納稅人，而是既得利益者。「無代表，不納稅」，曾經是英國民主人士的第一句口號，也是議會制普及的基礎。法國則同時有無代表的納稅人以及不納稅的代表，因為只有少數人在繳重稅，而大多數的選民是不繳所得稅的。於是防堵社會腐敗的機制就失效了。

唯有透過選舉來直接影響稅務政策，納稅人的提議才有意義。所以小城鎮或小國家的管理單位才那麼有效率。一旦由陌生、遙遠的中央來分配軍人與官員的撫恤金與俸給時，街上的平民便看不到自己繳稅的稅金與權益有何關聯了。如今國家預算與收入不斷膨脹，超過了合理的界限。政府吞噬了它賴以為生的自然社會。納稅人失去了天然的政治權力，只能反抗或是逃避。

第三，政治當然會腐化，這種現象就跟人類天性一樣古老。在過往的自由經濟體系中，腐敗的官員不容易侵入組成社會的小組織中。每個人經營自己的事業，商業利益與個人道德相輔相成。因此，訂購機器的實業家以及採購貨物的商人，在自己的商業往來中是不取傭金的。反之，政府或大公司的採購預算或補助金或是落在不負責任的官員手裡，就一定會發生弊案，因為他們只看重自己的私人利益，攸關人民福祉的公共利益只是其次。

唯有誠實的人能抵禦物質的誘惑，但法律不是為了老實人而訂立的啊！如果人民能自由表達意見，輿論就能發揮功能，弊病就會少很多。但輿論正是掌握在那些以詐欺手段來獲利的人手中。市井小民很少有批判精神，所以少數有心人士不必大費周章就能操縱民情。有錢人受到愚民政策威脅時，便用他們最強的武器，也就是金錢，來保衛自己。現代有許多權謀之士如馬基維利一樣聰明，他們教這些富翁戴上「慈善家」、「有德之人」的面具，以掩飾自己的貪念。柏拉圖早就料到，民主政治自然而然會演化成金錢政治。

第四，政治結構太混亂，人民的判斷力被混淆，因此無法監督政府。理論上來講，在施行議會制的國家中，人民選出代表，後者選出執政的領導人以及各單位的閣員，並加以監督。但事實上，代表們出於無可避免的習慣，很快成為麻木不仁的既得利益者。他們只會提出各種要求，卻不努力監督政府。閣員們被各種請託壓得喘不過氣來，又被議會和常設委員會弄得疲於奔命，只能努力延長自己的任期，而非專心處理國事了。

於是，當社會崩解時，只能由政府去承擔棘手的發展事業。但它沒有威權，沒有因應時勢的應變能力，也沒有連續一貫的計畫。

安全是治理國家的第一要務

他國的極權體制可以成功，於是有人苛刻地批評我們的制度有問題。特殊的制度變為常態，歷史上早有明證。在十八世紀初，君主立憲的英國成功後，支持君主專制的人就變少了。英國海軍與名將約翰．邱吉爾（JohnChurchill）

的成功，致使洛克與其他英國哲學家受到歐洲大陸人的喜愛。拿破崙敗北後，歐洲各國更加想效法英國的政體。

十九世紀時，英國的工商業稱霸世界，一八七〇至一八八五年間，法國恢復強盛的國力。一九一八年第一次世界大戰結束，協約國戰勝。以上這些事實又再次證明，議會民主制是有效的制度。一戰後所產生的新國家，沒有一個不採用兩院制。非洲與亞洲許多國家，似乎都感染到這個制度的威力了。

一九二〇至一九三〇這十年間，協約國無力恢復歐洲的均衡局勢，於是威信大減。義大利的法西斯主義會成功，是因為它的創立者非常有才華。俄羅斯的革命者則創造了全然不同的制度。德國一開始想仿效戰勝國的法律制度，後來卻產出一個獨裁者。而政治哲學家都在找理由以推翻他們以前推崇的制度。

那些模仿民主的國家走向都不同，很難看出有什麼規律，就像傳染病到了某些疆界就會停止蔓延。法國大革命爆發時，全歐洲都受到影響，有些英國人害怕了，有些則懷抱希望。事實上，法國大革命沒那麼成功。其他國家雖然沒跟著爆發革命，但也會想借用大國的新制度，以面對現實環境與文化的轉變。我們可說，一戰後德國史上最重要的事件，莫過於執政黨模仿羅馬體制了。

然而，如果思想真會傳染的話，它傳到另一個地方時，也會變成另一種形式。某個制度成功後，它的名稱與象徵就會有暗示的力量，並深入滲透到各國的文化中。例如「帝國」、「凱撒」這些名詞，直至兩千年後的今日還保有相當的力量。義大利法西斯主義的形象、詞彙，都被世界各國抄襲了。

許多國家都自以為完整繼承了其他民族的制度，事實上，它們都靠自己的優秀的民族性改造了那個制度，也就是他們的歷史文化。法蘭西共和國雖然是走向民主制，但我們的確是繼承了路易十四與拿破崙的專制政體。

馬克思的社會主義也免不了受沙皇時代的官僚傳統所影響。在德國，羅馬的法西斯主義變成狂熱而極端的宗教活動。胡亂套用外國的詞彙，就會造成觀念上的混淆。許多人都相信，使用相同的名詞，就能打造相同的制度。許多人都在談論議會民主制，但不論稱讚或批評，他們似乎都相信，所有採用它的國家，都是執行同一套議會制。事實上，從英國輸入法國和美國的民主制度，在三個國家中各有特殊的面目。

英國憲法賦予首相解散議會的權利，執政者因此比較有威信，政局也比較平穩。除此之外，各大政黨都聽命於其黨魁，而後者又一起效忠於君王。在美國，總統有如獨裁者，權力遠勝英王好幾倍，但他是人民選出來的，而且美國國會沒有英國下議院那樣的權力。法國人重視個人主義，所以很難有團結的政黨。第二任總統麥克馬洪（Mac-Mahon）甚至濫用解散國會的權利，讓這個武器不能發揮正常的作用。由此可見，就算政府沒有開會修改憲法，它也會隨著局勢而有所改變。

因此，民主和獨裁、自由和集權，並非全然對立、一分為二。這種區分法並不正確。我們再強調一遍，所有的制度，都會隨著歷史演進，在自由與集權之間輪流擺盪。民主政治一定需要威權的手段，而獨裁政權為有在多數人民的同意下，才能久存。法國外交官塔列朗—佩里戈爾（Talleyrand-Périgord）說過：「有了刀劍，你就可以做許多想做的事情，除了坐在刀劍上面。」領導人光靠軍隊不夠，還得要大多數國民同意或至少不干涉，才能維持持久的統治時間。領導人無論有多麼顯赫的威名，也沒有辦法改變民族文化或違背本國的歷史傳統。大國的新政體成功後，雖然會引起各國爭相模仿，左右它們的政治活動，不過它們還在自由和集權之間擺盪。這些走上歧途的國家，經過了一番摸索後，仍會延續原有的歷史傳統。

由此可知，法國抄襲俄國、義大利與德國的制度解決不了問題，畢竟那是不同歷史脈絡下的產物，而且那些制度有無功效，還得靠執政者的品格而定。這些國外來的精神食糧當中，何種能拿來消化，變成自己的政治本體，就需要仔細判斷。除此之外，我們要研究自己的法律，找出各種複雜的細節，才知道它們與現今社會有哪些巨大的衝突。

然而，適時修改法律不一定能對國家發展造成深遠的影響；而癥結還是在於國民的素質。

有時，宗教信仰確實能彌補法律規範不到的地方。人性都有弊病，道德敗壞也是社會的一大問題，所以不能只怪罪制度太陳舊。瓦雷里在《孟德斯鳩全集》的序言中提到，人類在承平的時代，都會遺忘成功的祕訣，也就是遵守道德規範。而在憂患重新降臨時，又會再去稱頌那些必不可少的美德。法國總理克里蒙梭（Georges Clemenceau）說過，唯有堅強又果敢的領導者，才能在萬眾期待下，以不違反法律為前提，以強勢的態度治理國家。但是，人民的想法和社會環境都會變，唯有改革制度方能維持長治久安。

哲學家斯賓諾莎在《政治論》中提到：「人類是情感和欲望的奴隸，所以國家的命運絕不能只取決於個人的誠信。公務必須落在老實人的手裡，才能處理得好，那這個國家絕不會長治久安……從國家安全的角度來講，只要事情能辦妥，我們甚至不需追問政府施政的動機。自由與魄力是個人的美德，而安全才是國家的美德。」

因此，健全憲法的定義可以歸結如下：政府官員奉公守法，不光是因為有熱忱、美德與理性，而是憲法要求他們追求國家的最大利益。那麼這部憲法便是良好的。

法律本身如何影響個人情感和欲望呢？例子很多。在法國，哪些簡單的動機會導致政府不穩定呢？不妨比較一下英法兩國議員對於內閣的態度。假定他們的愛國心與個人野心都差不多。英國議員若違背黨意，參與倒閣運動，那他能得到什麼好處？

一點好處也沒有。他會因此被開除黨籍，不能獲得提名參與下次選舉。他更不可能入閣，因為內閣一定會以解散國會來反制。國會解散，他任期沒有做滿，因此必須籌措競選下屆議員的費用。既然他背叛了自己的政黨，他的選民也會唾棄他。脫黨參選不是件容易的事。故英國議員的個人利益完全有賴於政府的穩定。

在英國，倒閣對議員一點好處也沒有。在法國卻不是如此，其議員的個人利益有賴於政府的不穩定。想想看，如果他參與倒閣，有什麼好害怕的呢？

他得馬上重新投入議員選舉嗎？當然不用，法國總理很少解散國會。他會被開除黨籍嗎？或許可能，但眾院的政黨那麼多，他可以加入其他陣營。閣員下台後，他有機會取而代之嗎？當然有。政府領導人在組織新內閣時，往往會挑選修理前任內閣的那些議員，並大大重用一番。與其讓這些危險分子投靠敵營，不如讓他們成為自己的羽黨。因此在法國，議員能從倒閣到得許多好處。

有些機器非常精良，哪怕工人犯了小錯，或零件出了小毛病，它們也能自動校準。同樣地，在健全的憲法體制下，統治者有過失的話，制裁措施就會自動進行。當然，完美的憲法並不存在，畢竟民情文化總是不斷在轉變。所以我們必須適時修憲，以因應當前的局勢。但如同其他的改革一樣，應先考察社會的現實層面，而不是基於抽象的理論與概念。當政府有能力修改法律時，就代表其權威已經恢復了。

歷史就是不斷循環，沒有一勞永逸的政治制度

政府有沒有辦法透過政治上的改革去挽救自然經濟？我不相信它辦得到，所以不需要期待太多。

政府沒有辦法全權管理經濟活動，因為所有的勞工都會變得像公務員一樣。社會救濟也無法解決問題，民眾的痛苦都變成數據和報告，於是不再令政府感到有急迫性。執政者只關心如何連任，而不在乎人民的需求與政黨的責任。它應該可以妥善運用監督的權力，強迫生產者顧及大眾利益。但事實證明，它若想支配生產活動，一定會被推翻。

那該怎麼辦呢？恢復一個與十九世紀相仿的社會嗎？在經濟恐慌時，小農莊與小公司有神奇的調節力，政府該努力重新培植那些事業嗎？許多國家都試過。美國、德國與義大利等政府，都希望能創造原始的生產力，只專注於生產糧食，而不是像大企業那樣只顧賺錢。

在法國，工業和農業有密切的關聯。工人們家裡都有一方菜園，所以失業時還可以自給自足，沒有其他國家的人那麼痛苦。在英國，有些閣員也在設法振興農業。在俄國，莫斯科方面施行很久的改革計畫後，現在卻努力要放棄官僚政治、提倡原始生活了。在美國，中小型企業比大企業的韌性還強，這是大家公認的事實。

由此可見，我們應當回到過去那充滿生機的生活方式。我們更應該多多勸告年輕人，不要一味追求進步。長久以來，年輕人對於「量產」、「巨額收入」有太多不切實際的幻想了。不難想像，未來的一代會去尋求悠閒的農耕生活，只要從事單純的工作，便可自給自足。

但是，這只是經濟問題的其中一環。許多生產技術唯有在大工廠才能實現。交通事業與重工業都集中在資本家手上，而公務員也各自組成職業工會。對於這些現象，你也許不贊同，甚至感到惋惜，但無法否認它是趨勢。

自由主義是美好的政治思想，在理論上無懈可擊。但最大的問題在於它已經過時了。我們也許應當去請教各個勞工及工商團體，以便駕馭這些巨大的機器。過去，這些社團成立的目的都在於集結勢力，以便和另一個團體鬥爭。它們很少秉持理智的角度，設法去顧及國家的利益。在這些激進、充滿熱情的團體中，會長及幹部一心只想取得成員的支持，從不考慮社會真正的需求，以及敵對團體的立場。

然而這些工會成員都是內行的人才，政府不需請他們入閣，只要諮詢相關的專業問題，應該就能解決許多問題。事實上，各國已經試過這種方法了，但成果平庸，甚至毫無收穫。諮詢委員會是最浪費時間的單位。委員們知道自己沒有實權，開會又沒有具體目標，所以感到厭倦。俗話說：「有理想但無所作為的人，最後一定會腐化。」他們開會時難得出席，做出決議後就沒有下文。委員會不能提出解決辦法，只會生產報告書。

但業界沒有辦法訂出自己的規章與制度嗎。只要在政府監督下，也許並非不可能。但究竟成果如何，還要等待美國與義大利實試驗的情況。可行的話，我們就可以學習那一套制度，讓生產者相互簽署協定，從中找到管理的方法。在這種新的體系中，政府就有方法重新組織有活力、具韌性的社會，讓各行業的工作者找回榮譽感。

失眠的人總是翻來覆去，由右到左、從左到右，人類的處境也是如此。為了解決問題與弊端，我們老是會用極端的方法，哪怕矯枉過正也沒關係。荒謬的是，這些辦法只會製造新的弊端。於是，百年前革命家所成立的政府，現在變為苛刻的統治者。改革的呼聲又起，以前被唾棄的舊制反倒成為解決問題的萬靈丹。

中世紀時，歐洲就出現過計畫經濟，也就是說，物價與工資不會隨著市場競爭而起落，而是由公會與行會所制定（這個權力最後落到政府手中）。當時教會反對「利息」與「收益」這種商業概念。教會承認，人類有權透過勞動來增加財富，但只要借錢給他人，不管利息多少，一概視為不道德的高利貸。除此之外，為了避免生產過剩，當時人民選擇職業有許多限制，相關規定比小羅斯福總統的「新政」還嚴格。

隨後，時代變了。到了十八世紀末葉，人類開始反抗這種社會制度。經濟學家宣稱，比起業界人士的介入管理，讓市場自然變化，更能確保物價的正常波動。只要每個人都依自己的利益而行動，總和終究會符合公共利益。這種論點在當時大地主的眼中是顛覆性的革命思想。要爭取自由，就得用「激進」的手段。醞釀法國大革命的智囊團就是自由派的經濟學者所組成的。而公會和行會被當成「流弊無窮」的組織，所以被激進人士不遺餘力地抨擊。

一個半世紀過去了，歷史的迴圈又再次回到原點。在今日，經濟學上的自由主義者變成保守派。一般民眾把中世紀的計畫經濟當作是「激進」、「危險」的制度。而年輕人嚴厲批判金融業者，有如十二世紀時的教會那樣全力反對「利息」的概念。他們把產業分為兩種：具體的（如農莊、商店、自營的小公司等）以及抽象的（如股東、董事等投資或管理人）。他們認為，前者是正當的勞動者，後者只是坐收利益。不管是有意或無意，他們都希望人類回到三百年前，以既有的思想與制度生活下去。

我們再來觀察英國。這個國家曾經是自由貿易與放任制度的聖地，它也因此掙得無數的財富，但這幾年來，已經有人在提倡完全相反的理論。這聽起來就奇怪了。英國當局如今也在抱怨自由的放任制度，而需要擬定挽救方案了。它創立了無數的經濟計畫。有「牛乳計畫」、「豬類計畫」甚至還有「啤酒原料計畫」。

英國政府向棉業、鋼鐵業的人說：「我們很想保護你們，但有一個條件。你們得妥協，客戶的訂貨量要平均分配給其他同業。職員的工資要符合政府的規定，不得違背。至於國外市場，所有人要一起研究來研議對策。」這跟中世紀的公會跟行會沒兩樣吧？放任了多少年之後，終於又回到以前的辦法。過去，英國羊毛總是不分行號，整批輸入荷蘭。由此可見，表面上新穎的做法，有時其實是舊有的制度。這種迴圈是歷史的必然現象，也是必要的演進過程。

人類永遠不知道節制。雖然自由是一種美德，但很容易被濫用，直到國家陷入無政府狀態。當我們發現，自己長期推動的自由政策已造成混亂的局面，人民的生活陷入困境，於是又喊起中央集權的口號。這麼做是對的，或更準確地說，我們只是要恢復美好的黃金時代。千萬不可像迷戀自由思想一樣，狂熱地擁抱極權主義。否則，我們就會把平凡無奇的政策，都歸咎為自由主義的失敗，還會把暴政當作魄力、蠻橫當作堅定。最後，政府就會做出不可勝數的極端行為，當年為了復古政策而犧牲奉獻的人，又再次感到失望。新秩序才剛建立不久，又再次有民眾要求自由與獨立。三十年前大家拼死拼活要打倒的制度，現在不惜犧牲生命也要爭取回來。

雖然大家都知道，一遇到生死關頭，一定要懸崖勒馬。但要求改革的浪潮來勢洶洶，鐘擺不是往左就是往右。這便是所謂的歷史演進。

哲學家常常在問，這些週期反反覆覆，是否意味著，人類註定要那麼悲慘、愚蠢以及偏執。或是說，在搖擺中，鐘擺會慢慢地升向更幸福的區域？我相信，這種迴圈不是什麼嚴重的問題。政府的職責在於解決當前的問題，擬定近期的政策。它的工作不是為了遙遠的未來，也不是要把國家帶往不可思議的境界。

法國詩人班維爾（Théodorede Banville）說過：「那怕你殫精竭慮，凡事都要計算它的優劣，也不會得到驚人的答案。還不如好好觀察你的咖啡壺。」一八七〇至一九一四年，我們父執輩的人，生活在一個承平的歷史階段。隨後，我們進入狂風暴雨的戰爭時代。國際衝突解決後，歷史又進入新階段。這時，政府也應該去解決經濟體制的衝突。

自由的資本主義一消失，國家經濟很難提升到至高的境界。而既然私有企業的利益無可代替，政府得用明智方法加以監督，以找出雙贏的辦法。問題一定會解決，而我敢保證，它既不是共產主義，也不是資本主義，而是採取兩種制度的元素融合而成的。

同樣地，政治爭端的解決方式，既不是全然的民主制度，當然也不會是極權政體。正的論調也好，負的論調也好。黑格爾闡述過，在人類的歷史中，對立的制度交互輪替，有時兩者會突然成功地融合。以前我們總是猶豫不決，認為許多思想元素是互相矛盾的，但在綜合其優點之後，就能融合成新制度，並創造富有生機的新社會。

人生第四大問題：政府的功用為何？

答：安全是政府的第一要務，如果能維持社會安定，我們甚至不需追問政府施政的動機。政府的職責在於解決當前的問題，不是要把國家帶往不可思議的境界。最好的制度既不是共產主義，也不是資本主義，而是採取兩種制度的元素融合而成的。

第五章

幸福之道

除了災難之外，不幸的最大原因就是杞人憂天

在本書各種討論中，幸福問題隨時可見。婚姻是不是男女最幸福的境界？能不能在家庭和友誼中找到幸福？法律是否有利於我們的幸福？此刻，我們當把這不可或缺、含義模糊的概念，更明白地解說。

何謂幸福？法國作家豐特奈爾（Fontenelle）在《幸福論》一書中的定義是：「幸福是人們希望它永久不變的境界。」當肉體與精神處在某種狀態中，我們會心想著「願一切都如此永存下去」，那無疑就是幸福了。浮士德也對某個「瞬間」說：「不要走，你是如此美妙！」

所謂的「境界」是指，在一段時間內，占據你意識的全部現象。它們持久不變，令人感到不可思議。你甚至於感覺不到時間的流動。不過，組成幸福狀態的元素大多很脆弱，又怎麼會永存不變呢？

如果幸福是寄託在某個人身上，那他終有老死的時候。如果是一首美妙的樂曲，那麼它總有結束的時候；就算是一本書，也會有終章。

我們都希望，幸福的狀態能「永久不變」。但正當我們如此希望時，那種穩定狀態已經悄悄溜走。「瞬間的快樂」總會過去，它給予我們的幸福感，也將因為其他事情到來而消失。

所以，構成幸福的諸多元素中，有些消失了也無妨，但有些必不可少，幸福的存續全靠它們了。在托爾斯泰的小說《安娜．卡列尼娜》中，剛剛訂婚的列文，覺得路上所看到的事情都美妙無比：天是那麼的藍、鳥聲是那麼的迷人。就連老門房看著他時，目光也特別含有溫情。就算此時他人在別的城市，所見的人事物跟家鄉不同，一樣會覺得「幸福而美妙無比」。他隨身帶著一種靈光，那是他幸福的泉源，一切都變得美妙；而這靈光就是他幸福的本體。

因此，所謂幸福的元素，既非外在事件或任何娛樂，也不是賞心悅目的美景，而是一種精神狀態。藉此，你能把心中自有的美感傳達給外界。所以，我們祈求永續不變的，應該是此種精神狀態，而不是紛繁的世事。外界一切事物，因為這種幸福的狀態，而有奇蹟般的光彩。那還有別的特徵，足以使我們辨別出此種精神狀態嗎？

假如剔除感覺與回憶，思想便只剩下一片靜寂、不可言狀的空虛。這種神祕的狀態宛如入定一樣，但即使心裡感到熱烘烘的，也只是幻影。哪裡有完全入定、純粹的幸福呢？就像有隻魚在深水中看到浮萍與怪物靠近時，對方發出亮光，卻看不到光源在何處。其實光源就在魚自己的身體內。同樣地，幸福的人看到各種事物在閃閃發光，卻看不到自己內心的光源。

這光芒的根源，雖然當事人自己觀察不到，但若仔細探索它在各種情況中呈現的樣子，有時也能發現此根源之性質。但在找出幸福的性質前，先看看有什麼因素會使人不幸，也許更能找出問題的關鍵。所以不妨打開潘朵拉的盒子，看著人類的禍患往外飛，並且記下這些疾苦有哪些。

首先飛出的是天災與疾病，這是最恐怖的遭遇。它們帶給人類太多磨難，就算你有過人的智慧，也很難有解救的方法。斯多葛派的哲學家說得很容易：「痛苦只是一個名詞。過去的痛苦已不存在，現在的痛苦無從捉摸，而未來的痛苦還未發生。」事實上可不然。

人生是由許多「片刻」接續、相連而成，所以我們無法隨意挑選、剔除這些片段。過去痛苦的回憶，也會影響現在的感覺，甚至令人更加難過。當然，心智強大的人可以對抗痛苦的回憶，而始終保持清明寧靜的心境。蒙田就是這麼有勇氣，能夠忍受疾病的煎熬。但當生命走到最後，只剩一聲痛苦的呼喊時，就算是大智大聖也無法挽回一切。

貧窮也會阻礙幸福。然而，希臘哲學家第歐根尼不覺得這有什麼問題，因為他有太陽可曬、有些許食物可吃，有他的木桶可住，而且沒有家人要養。但若第歐根尼是失業工人，帶著四個孩子住在惡寒的城鎮裡，吃飯得付現金，我倒要看看他怎麼辦。

法國作家朱爾・羅曼（Jules Romains）在小說《微賤者》當中，描寫到一個十歲的窮小孩。那才是真正的苦難。事實上，用哲學去安慰饑寒交迫的人，無異是和他們開玩笑；他們需要的是粥湯與溫暖的住居啊！

重病與貧窮奪走人的幸福。然而，有些困境雖然難堪但沒有那麼可怕，不會阻礙人的幸福。斯多葛派把人的需求分成兩類，一是「自然、不可少的」，如饑餓與口渴，一定得想辦法滿足，否則我們很難有其他念頭，一天到晚只想著吃喝。另一類則是「自然但非必要的」需求。這種區分是有道理的。

人真的會生病，也會陷入貧窮狀態，令旁人感到難過與不捨。但也有些人會幻想自己有病。精神會影響健康狀態，而且其程度令人難以置信。事實上，我們的疾苦大多數是自己幻想的。有真的病人，也有自以為的病人，更有人因此真的生病了。

蒙田當波爾多市長時，對大眾說：「我會動手解決大家的問題，但絕不會把它們放進肺腑中。」除了幻想自己生病，也有人一直以為自己是窮人。你說自己是不幸的人，因為全球性的經濟恐慌令你收入減少；但只要你還有住所，還能吃飽穿暖，那你的抱怨其實是在侮辱真正的窮人。

有個朋友告訴我，有個打零工的女傭要搬家，但她最心愛的彈簧床無法放入新房間，因此自殺了。她並非真正不幸的人，只是想法有問題。

除了貧困與疾病，人生還有各種挫折：失戀、工作沒達標以及行動失敗。每個人都懷抱各種計畫，想像美好的前程，但現實是殘酷的，計畫會失效、希望會破滅。我們想要被愛，可是沒有人出現。我們日夜嫉妒他人的成就。我們期望自己有地位、高薪、事業成功，還要到遠方去旅行。但這些心願都落空了。

對於這種情況，斯多葛派的學者總算說對了。因為這些不幸並非實際的困境，只是心裡有缺憾、想法沒有實現。

為何忿忿不平的野心家會感到不幸呢？他身體有受苦嗎？絕對沒有。他不斷想著過去的事：由於犯下一些過錯，所以才沒實現目標。他還不斷謀劃未來，深怕敵人出奇招，阻礙他的成功之路。其實，不回想過去沒做好的事，也不擔憂將來的局面，全心全意面對現下的環境，通常你就會發現自己的境況沒有那麼糟。

我建議，幻想自己生病的人，可以試試看天主教聖人聖依納爵的苦行方法：努力想像我們內心最渴望的對象與目標，完完整整地在腦中描繪出來。

你去參加議員選舉，但敗選了。那會有什結果？這麼一來，你就不必從早到晚接見前來請託的選民。你不必再處理麻煩的公務，也不必為了無暇研究的議案負責。你不用在假日時到遙遠的城鎮考察，接受樂隊及民眾的歡迎。你不必公開演講，對歐洲政局表達自己的看法，也就不會在隔天看到十幾家報紙在批評你的言論。

沒有這些艱困的任務，你就只好安靜、悠閒地過生活，重拾你心愛的書籍。朋友來拜訪，你還可和他們談天說地。只要發揮一點想像力，你就知道挫敗所帶來的各種後果。那麼，你還會認為自己很不幸嗎？

司湯達寫道：「今晚，我沒有當上市長，而我的兩個助理卻成為重要官員，所以我的靈魂微微受傷，覺得有點難過。不過，假如我必須在管理六千人口的市長辦公室裡被關上四、五年，恐怕我會更加痛苦。」

對於一生所發生的事情，只要用更自由的精神去回顧，就會發現以前沒有體悟到的事實，而那正是我們所不願面對的。

「我想結婚」、「想當市長」、「想創作一幅美麗的肖像畫」之類的願望，每個人都會掛在嘴上，但是它們和具體、可實現的目標不一樣，後者牽涉到實際的行動。除了現實上的限制，人一定會獲得他一心所追求的東西：榮譽、友情以及心儀的對象。

拿破崙從年輕時就想要至高無上的權力，但那時他還只是個小人物。最後他竟然辦到了。但通往成功的路上，總是有很多阻礙。可想而知，要獲得萬民擁戴不是件容易的事，而且我們還要克服自己天生的弱點。每個人都有自己的目標，但受到自己的性格所影響，結果往往南轅北轍。

再用朱爾．羅曼的小說來說明。十歲窮小孩的父親是巴斯蒂特，他總說找不到工作，卻老是拒絕人家給他的職位。仔細觀察後才發現，他根本就不打算去賺錢。

作家們不時在說：「我想寫一本書，但生活條件不允許我去完成。」這也許是真心話。但若他有決心，一定要完成那本書，那就會選擇過另一種生活。巴爾札克就有這樣的堅強意志；他的生活型態以及大量的作品可為證明。

在柏拉圖的《理想國》第十卷中，有一段關於「幸福」的神話。亞美尼亞人埃爾死後下了地獄，並看見亡者在那裡所受到的待遇。冥界的使者把鬼魂聚集在一起，並發表以下的談話：「亡靈們上路了，你們將開始一段新的旅程。你們的命運將由自己選擇，神明不會插手。用抽籤來決定選擇的次序，抽到一號就可以先選擇命運，但下好離手，不可以更改……美德不是你的奴隸，誰尊敬它，它便依附誰；誰輕蔑它，它便逃避誰。各位的選擇由自己負責。神明只會在一旁觀看。」

這時候，使者在亡靈前面放了許多包裹，每件都代表一種身分和命運。亡靈抽籤後，便可撿取他所想要的那一個。有些人會轉世為人，也有人會轉世為動物。有些人下輩子會成為僭主。有些人會安享天年，有些人會突然死去，也有些人會窮困潦倒，或亡命天涯。有的人會變成名人，外表俊美、孔武有力。有些人會具備各種美德，比如成為淑女。也有人會變成蕩婦。

這些命運包羅萬象，貧窮、富有、高貴、低賤、健康或疾病，各種因素相互配對。

有第一選擇權的人，滿心期待地上前，端詳著那一堆包裹。他急急忙忙、貪心地選了「僭主」。他打開包包後，看到裡面的訊息，發現下輩子註定要殺死自己的孩子，還會犯下其他重罪。於是他大哭大鬧，咒罵神明，詛咒世上的萬事萬物。但他當初可以看看包裹的內容啊！

每個人都有權利觀察包裹裡寫了什麼。正如有的人為了地位或財富而結婚，即使明知道那女子平凡無奇。兩、三年之後，他埋怨對方不夠聰明，但當初大家都知道這事實啊！

一切都寫在命運的包裹中。

一味地追求財富或榮譽，總是會令人過得不幸福。這個道理不需要豐富的人生經驗也會懂。為什麼？因為這種人只依賴身外之物。太重視財富，就容易受到他人傷害。

政客也是如此。有時出於莫名其妙的事件，比如有人製造謠言，導致上位者厭惡他，所以把他打入冷宮，甚是被民眾仇視或羞辱。他覺得自己運氣不好，才無法爬到高位。

這些人不想探索內在的價值，只依賴外在的因素去獲得幸福，但結果總是事與願違。這也是寫在包裹當中的。神明是無辜的。野心與貪婪不但使我們和他人起衝突，也讓我們內在有許多矛盾，因此帶來更嚴重的災禍。

有位朋友跟我告白過：「我也許做錯了，也許誤會了什麼。但我已竭盡所能，依著自己的想法而行動。我說過的話，絕對可以再重覆一遍。假使我的看法改變了，也不覺得有什麼好慚愧的，這背後一定有正當的理由。也許是因為我以前所依據的資訊不完整，或者我推論有問題。」

回顧昨日以至一生的行為，若能說這種坦白的話，我們就是幸福的人。只要不斷平衡內在的狀態，多少令人苦惱的幻想，以及和自己的衝突都會自動消失。

不過實際上，很少有人可以如此調解內心的衝突。每個人心中都有一個「社會人」，以及情欲熾盛的「個人」；靈與肉、神與獸互相對立。我們受到肉欲所支配，但沉淪之後，又很快恢復理智。變化之大，自己都會討厭自己。

英國作家赫胥黎說過：「人不能聽從斷斷續續、支離破碎的念頭行事。他不能在飯前是一種人，飯後又是另一種人。他的人生哲學不能隨著作息、心情或銀行往來帳任意變動。他需要創造出一個精神上效法的對象，以保障他人格的連續性。」

但這內在的秩序與和諧很難維持下去，因為現實情況多數和我們所想像的有異。我們以為自己是理性的人，其實我們常用錯誤的判斷與空泛的論點，以發洩我們的恨意或其他情緒。我們痛恨某個民族或國家，是因為其中中有一個人破壞了我們人生的重要場合。我們不肯承認這些弱點，但心知肚明，於是我們對自己不滿，不僅內心痛苦、情緒暴烈、做事愚妄，還動不動就侮辱朋友。這都是因為，我們知道自己不能成為心目中的理想人物。

在此，蘇格拉底的教誨「認識你自己」，就變得重要了。有智慧的人，若想達到寧靜的境界，首先應該放下扭曲的想法，調整情緒與整理回憶，這樣才能與人交流以及吐露心事。

我們不只會在腦海中回憶過去的事，也會想像未來可能發生的情況。因此，「不幸」的另一原因是就是杞人憂天，想太多危險的景況。當然我們得保持警覺心，否則過馬路就會被汽車撞倒，所以要有危機意識。同樣地，假若我們不防範鄰近的敵對國家，那我們很快就會變成奴隸。但是，有太多危險難以預料，所以不要白費心力去設想所有可能的情況。

我們都知道，有些人生病後擔心各種可怕的後果，於是寧願先結束自己的生命。

有些人害怕喪失財產，所以會不斷想像，有哪些災禍會害他破產。所以他情願放棄眼前能享受的幸福，先讓自己適應破產後的苦日子。但事實上，最有可能發生的不幸事件，就是他折磨自己到不成人形。

有些人嫉妒心太強，總是猜想他的愛人會失德、背叛他。他無法擺脫這種念頭，不斷監控對方的一舉一動，導致情人也不再愛他了。他害怕失戀，卻註定要失去伴侶，只因為他想得太多、太複雜。

腦海中所想像的災禍畫面，比事件本身更可怕，恐怖與痛苦的感覺也更強烈，也更耗損人的心力。生病當然很痛苦，但看見別人生病，自己也跟著擔憂，那就更加痛苦了。發病時，全身發熱、各種症狀都出現，身體好像不是自己的，種種反應與平時大不相同。多數人都怕死，但大家所想像的瀕死狀態，都跟真實情況有落差。第一，我們不知道自己是否會突然結束生命。在一般狀態下，「死亡」是一種自然現象，身體會慢慢衰老，逐漸失去功能。

我曾有一次遇到危險，差點喪生。我印象還很深刻，當時我失去了知覺，但還記得瀕死時那數秒鐘的回憶，而且並不痛苦。阿蘭認識一個人，跟亞美尼亞人埃爾一樣遊過地獄，他是溺水而被救醒的。這死而復蘇的人，談到死前的感覺，他說一點也不痛苦。

我們對於未來的判斷老是錯誤。想像痛苦的事件時，我們的精神狀態還沒有受到那件事情所影響。人生本身已夠艱苦了，為何還要加上虛妄的慘痛預感呢？

在最近一部影片的畫面中，有對新婚夫婦搭郵輪去度蜜月，他們望著大海，正是幽靜的良夜，遠處奏著音樂。兩個年輕人走遠的時候，剛才被他們身體遮住的船身標示，居然寫著「鐵達尼」。觀眾看到這一幕，心情馬上變低落，因為我們知道這條船不久便要沉沒。但對於劇中的角色來說，這一夜始終是美好的。他們如果有恐懼的感覺，那可真是準確的預感，但也未免白白糟蹋了甜蜜的時光。許多人總是不斷在想像身邊有什麼威脅，結果虛度了美好的光陰。因此我說：「顧到當天的痛苦已足夠。」

最有我們談到富人及有閒階級的不幸，最常見的原因是煩悶。賺錢養家雖然很辛苦的，但不會煩悶。但有錢的男女，不去「創造」自己的生活，終日只想著要觀賞表演，當然會煩悶。

對於努力生活的人來說，欣賞表演確實是幸福的事，因為他自己能感同身受。談戀愛的人喜歡看愛情片，因為那就是他的生活。墨索里尼有機會觀賞《凱撒大帝》的話，一定會想到自己的書桌。

但有些觀眾永遠只是旁觀者，在現實生活中，他們沒有扮演任何角色，於是覺得人生無聊。他們很容易想太多，包括自己做錯的事以及無法挽回的時光。對於難以預測的未來，他們也非常擔心。

保持幸福的五大祕訣

不管是真實的病症或幻想的症狀，有沒有避免或補救的辦法呢？許多人認為不可能，他們覺得，否認有解決之道，反而有一種苦澀又病態的快感。這真是怪事。他們在不幸中感到樂趣，把前來幫助的人當作仇敵、罪人。固然，在家裡有人過世，遇到災難或被人冤枉時，會有幾天很痛苦，任何安慰都派不上用場。這時，做朋友的只能保持沉默，同情對方的立場，在必要時給予協助。

但大家也都看過，家裡有些愛哭的女性，努力用表面的姿態，去維持容易被時間磨滅的哀傷心情。那些人一味抓住無法回復的過去。如果他們只是獨自承受痛苦，我還會為他們嘆惜；但若他們變成絕望的宣傳員，指責他人的活力與奮鬥精神，那我就不以為然了。

哭泣的樣態中，多少總有些表演的成分。我們須得留神。事實上，真正的痛苦會自然而然地流露出來。也就是說，他們會隱藏痛苦，絕不打擾身旁的人。

有次在一個年輕人的歡樂聚會中，我看一個女子，她應該剛經歷過慘痛的事件。她的沉默、勉強的笑容以及不由自主的出神樣子，都揭露了她的心事。但她勇敢地支撐下去，外表裝作鎮靜，避免影響現場的愉快氣氛。

假使你必須遠離人群、天天愁嘆，如此才能追憶過往，那麼你的回憶一定有不真實的成分。對於亡故的友人，我們所能表示的最崇高的敬意，就是對於還活著的其他友人，培養出同樣美好的情誼。

如何避免對往事太執著呢？怎麼驅除那些縈繞不去、在夢中也會出現的念頭呢？

最廣闊、最仁慈的避難處就是大自然。森林、崇山、大海是那麼蒼茫偉大，個人是如此狹隘而渺小，看到這個對比，我們內心就會得到撫慰。悲苦時，躺在地上，在叢樹野草之間，孤獨地度過一天，精神就會振作起來。許多實際的痛苦，有一部分是出於社會規範的約束。因此，花個幾天或幾小時，切斷自己和社會之間所有的關聯，確實能減少我們的煩惱，緩和強烈的情緒。

旅行是治療精神痛苦的良藥。一直待在令人痛苦的地方，種種瑣碎的細節會提醒你那個不幸的事件，令你更加執著。那些細節會令人想起過往的事，而旅行能斬斷那些連結。但不是人人能出走的啊！要有時間，要有閒暇，還要有錢。然而，不需離開城市與工作，不用跑很遠，還是可以換換地方休息。離開巴黎，前往楓丹白露的森林，搭火車只要一小時。在那裡，你可以找到如阿爾卑斯山那樣靜寂的荒地。在桑利城外，也有一片沙漠。凡爾賽宮的庭院總是清靜岑寂，宜於幽思默想，撫平內心的創傷。

痛苦的人還有一處棲息的地方，就是音樂世界。美妙的樂曲能占據你整個靈魂，心中再也容不下別的情感。有時它如萬馬奔騰的急流一般，洗淨我們的心靈，沖走胸中的鬱結，令人感到無比的清新暢快。有時它如一聲呼喊，喚起我們舊日的痛苦回憶，把它們巧妙地帶入樂聲中。在前後樂章的安排下，我們起伏的心潮漸歸平息。音樂就像沒有文字的對白一樣，引領我們走向最後的結局，令人得到無比的安慰。強烈的節奏象徵著時間的流逝，不必用任何言語，就可以證明，精神痛苦總有結束的時刻。在小說《約翰・克利斯朵夫》中，作者充分地描述了這種心情。

有些人說：「當我陷入悲傷、憂愁時，只要花一小時來閱讀，就能平復心情。」我不是很瞭解這句名言的道理。閱讀無法化解我內心的悲痛與煩惱，因為那時我無法集中注意力在書本上。帶著自由、隨心所欲的精神狀態，才能好好看書。精神創傷緩解後，在復原期間，閱讀是非常有益的。但我不相信它有助於平復精神的苦痛。為了驅除執著的意念，必得做一些不用動腦的身體活動，如寫字、組裝家具或是運動等。消耗一下體力對健康有益，這樣才有助於睡眠。

睡得好又沒有做惡夢，才能擺脫白天的困擾。災禍發生後的前幾個夜晚，那些畫面歷歷在目，在夢中不斷出現。就算我們睡著，也會在夢中感到苦惱，甚至心驚膽戰地驚醒過來。如何能好好睡一覺呢？除了藥物之外，有沒有心理上的安神方法呢？有個方法偶爾奏效，可以試試：喚起自己美好的童年回憶，或年輕時的快樂時光，讓自己在精神上恢復到輕鬆愉快的狀態。於是，心靈會神遊到災禍尚未降臨的世界，那時你還不理解什麼是痛苦。在夢中，你慢慢走向那無愁無慮的天堂。

用悲觀態度生活的人，這時會抱怨說：「這一切都是徒然的，你的助眠方法很普通，毫無效力。任何方法都不能使我忘掉痛苦、擁抱人生。」

但你怎麼知道？你有沒有試過？在否認它的效力之前，至少你得嘗試一下。還有一種方法叫做「幸福體操」，雖然不能帶來實際的好事，但有助於你走向幸福，為美好人生做準備。以下幾條規則，按照瓦雷里的說法，是「幸福的祕訣」。

第一個祕訣：**對於過去的事情，避免過度沉思、反覆回想**。

沉思當然是好事。一切重要的決定，總是得先三思而後行。而有明確的思考目標，才不會造成負面效果。否則，你就會不斷回想自己所受的傷害以及難以證實的謠言。那些都是無可挽回的事情，你卻會反覆不斷咀嚼。英國有一句俗諺說：「永遠不要為了倒翻的牛奶而哭泣。」英國前首相迪斯雷利總是勸告大家：「不要捲入無謂的爭辯，也不要終日怨嘆人生。」笛卡兒也說：「與其征服全宇宙，我寧願去克服自己的欲望。一切尚未降臨的事，我都會當作不可能發生。」

生活應該保持衝勁，時時清除不好的念頭，換上新穎的想法。無遺忘即無幸福。無論任何人，只要開始行動，就不會再覺得自己很不幸。為什麼呢？就像兒童去玩遊戲一樣，那時他不再想到自己，而是想著如何完成動作。

勞倫斯說：「為何你需要知道自己是魚皮做的或是羊皮做的？為何你如此看重這毫不相干的問題？你難道不能在自身之外找到新的焦點。一直把注意力放在自己身上，是會令你作嘔的。」

由此產生了第二個祕訣：**快樂從行動中產生**。

英國哲學家羅素說：「每次我讀到朋友們的著作以及聽他們發表看法，總會認為，現代人應該不會再過幸福的生活了。但當我和家裡的園丁聊天時，我立刻就會覺得自己的擔憂一點道理也沒有。」

園丁在庭院裡照料他的番茄與茄子，他熟悉這份工作與那個環境。他知道會如何得到豐碩的成果，所以感到很自豪。這種幸福感不亞於偉大藝術家跟創作者的工作成果。對於聰明的人來說，行動往往是為了逃離思想的束縛，這個作法既合理又健康。

因此我們可說：「有想法卻不執行的人會生病。而一直在思考卻不行動的人，也一樣不健康。」漫無目的的空想，有如一架拋錨的發動機，非常危險。在行動中，不管世事有多矛盾、人生有多麼複雜，你都會保持鎮靜。你會從不同角度去看每件事的優缺點，並自然產生適合的做法。但若你毫無作為，就會受困於支離破碎的現實條件，愈想愈悲觀。

如果你不願馬上著手，還要等到社會上有人先做，你才跟著行動。那你內在的衝突就永遠也沒有化解的那一天。那麼你會更加折磨自己，更難完成目標，甚至什麼也做不到。

第三個祕訣：**為了讓日常生活更美好，請好好選擇你的環境，找到方向相同、會關心你行動的夥伴。**

我們總以為家人不瞭解自己，所以會不斷起衝突。與其在爭執中摧毀你和家人的幸福，不如去尋找與你理念相近的朋友。若你有宗教信仰，便多和教友交流討論；若你有革命的情懷，便去參加相關的組織和社團。

這樣一來，你就更有把握能說服不信神的人，因為你那時在精神上有同志可以依靠。想擁有幸福感，不像一般人所以為的那樣，需要獲得無數人的欽佩與敬仰。但是，至少你周圍的人一定要欣賞你。

法國詩人馬拉美（Stéphane Mallarmé）身邊有幾個崇拜者，他們超乎尋常地愛戴他。相較之下，有些名人比較可憐，因為他們心中所敬愛的人並不在乎他們的成就。許多內心不安的人到修道院後，內心就感到平靜與放鬆，因為身邊的人都是志同道合的夥伴。

第四個祕訣：**不要用那些遙不可及、無法預料的災禍來折磨自己。**

幾天前，在杜樂麗宮的花園裡，天真的兒童、華麗的噴泉以及溫暖的陽光構成一幅歡樂美好的畫面。但我卻遇到一個不幸的人。他心情鬱悶，孤單地在樹下散步，思考國家財政與軍事上的困境。他和我說，兩年後國家一定會崩潰。

我回答他：「你瘋了嗎？哪一個神明能預料到明年的局勢？日子當然艱難，承平時代在人類歷史上不常見，有的話也很短暫。但未來的情景一定和你悲觀的預測完全不同。不如享受現下的日子。學學那些在水池中放紙帆船的兒童。記得，盡人事、聽天命，把日子過好。」

當然，每個人在世上都有自己的責任，也有能力把事情做好。他應當想到未來的發展。因此，有能力的人不會是宿命論者。建築師應當想到，他設計的房屋是不是穩固；勞工應當想到，他老年時有哪些保障；議員應當想到，他投下的那一票，會影響到哪些預算案。但一經選擇、做好決定後，便得放鬆心情，不再擔憂。若預測的項目不是一般的活動，甚至是人類智力所無法理解的，那就不應該去猜想。

英國作家卻斯特頓（G.K.Chesterton）在《神學》一書中寫道：「在那些廣博但無聊的哲學著作中，只有浮誇的演講詞以及大而無當的結論。那些作家隨口就談起幾百年的歷史和演化問題。事實上，哲學家應該關注的，是當前的議題。」

最後一個祕訣是獻給實現美滿人生的人：**當你得到幸福時，切勿喪失讓你成功的那些美德。**

多數人在成功時會得意忘形，忘記起步時保有的謹慎、中庸與慈愛等品德。他們忘記自己的出身，所以變得傲慢又過度自信。於是他們拋棄穩紮穩打的工作態度，沒過多久就把好運用光。幸運變成厄運後，他們驚恐萬分，不知道出了什麼差錯。先賢總是勸告世人，得到幸福時，應奉獻謝禮給神明。這實在有道理。古希臘時期，薩摩斯島的國王波利克拉特斯就把他的指環丟到大海中，以奉獻給神明。每個人都有像指環那麼珍貴的東西，奉獻方法也不只一種。最簡單的就是保持謙虛。

幸福從不放棄創造幸福的人

這些祕訣並非我們發明的，數千年來的哲人與思想家都在傳達這些道理。接受世間的無常、節制自己的欲望、身心調和一致……這些都是古人的建言，不分斯多葛派或伊比鳩魯派、奧理略或是蒙田的人生哲學。今日所有明哲之士也會同意這些道德原則。

「真的嗎？」當然也有思想家持反對意見，如尼采。而紀德比較搖擺，他有時明理，有時衝動。在新一代的作家中，馬爾羅（André Malraux）應該也不會贊同前人的看法：「為什麼我們要接受這種庸俗的命運……這只是凡夫俗子的幸福……逃避艱難、冒險的生活，當個屈服、順從的弱者……你們要傳授的道理就是這些嗎？那我們寧願不要幸福，去當個勇敢的英雄。」

他們這些反對平淡幸福的人，當然有自己的理由。我會試著解釋，古人的幸福觀不是屈服、順從，更不是安於現狀，而是喜樂與知足。反對者以為，過著幸福的生活，就會失去英雄氣概和奮鬥精神。他們大錯特錯。接受無常，是因為那些變數不是人類有能力掌控的，而不是我們怠惰、不知長進。

人生不可能事事逆來順受。在海上航行，總會遇上大浪；社會大眾會有激情的一面；日常生活中會與人發生衝突；而身體有各種欲望和需求。遇到這些議題時，若是全盤接受，就如同對幻想出來的虛假世界，發表空泛的言論。但我們都相信，自己有能力小小改變世界，自己有能力在風浪中駕駛小船、安撫不理性的群眾，還有小小改變這世界，也包括改變自己。

我們沒有辦法消滅所有疾病，人生也總會有挫敗、屈服的時刻。就算是那些激進的思想家也不是萬能的。但我們可以接受失敗，把它們當成面對挑戰或是休養生息的契機。

尼采說：「人類才不想追求幸福，只有英國人才會。」又說：「我沒興趣去創造幸福，只想追求我的成就。」可是，為何我們不能在追求成就時，也為自己帶來幸福呢？幸福不是舒服地過日子，也不是追求愉快的感覺，更不是怠惰不做事。就算是冷靜又理性的哲學家，也和大家一樣會去追求幸福，只是方式不同罷了。

我相信，奴隸總有一天會發現身上的鐵鍊比他還自由。普羅米修斯有一天也會發現老鷹是溫和的動物，即使後者不斷啄食他的心肝。伊克西翁在地獄待久了，也會自得其樂。每個人都愛上不斷折磨他的那一隻老鷹。他並非不想過幸福的生活，而是在磨難中也會感到幸福。也許，那種痛苦能使他忘記另一個更難受的折磨。總之，為何要承受痛苦，每個人都有自己的說法。

回頭繼續談。斯多葛派的道德原則，只是邁向幸福途程的第一階段。他們勸我們拋下不必要的苦悶心情，這樣才能在心裡替幸福找出空位。我們不必理會那些無聊又平庸的情緒。踏出這第一步後，我們就斬除荊棘、完成任務，幸福的旋律才能響起、創造出美好的氛圍。

但是，這種真實的幸福究竟是什麼呢？我相信它們是愛與創造性的喜悅。換言之，就是渾然忘我的狀態。愛與喜悅有各種不同的類型，如戀人相愛以及詩人所歌詠的宇宙之愛。

司湯達最瞭解愛與幸福的關係，他說：「凡是沒有和愛人一起度過幾年、幾天甚至幾小時的人，不知道幸福為何物。因為他沒有機會看到這永續不斷的奇蹟。愛情會把平凡的小事及景物變成生命中最美麗的元素。」在小說《帕爾馬修道院》裡，主角法布利斯被關在西班牙的監牢中。他應該感到十分恐懼，尤其是死亡的到來，但他漠視一切。這些毫無希望、悲慘的日子裡，因為克萊利婭出現了，監牢突然變得光明燦爛，原來是他戀愛了。

遇到真愛、展現母愛以及受同袍愛戴，都會令人感到幸福。除此之外，藝術家在創作中會得到無比的喜悅，信徒在禱告時會覺得與神同在。總之，只要能進入忘我的境界，在各種活動中融入其他生命，人就立刻能沐浴在愛的氛圍中。不管世事如何變化，只要與這個核心的目標無關，他都不會在乎。

所以有人說：「愛奢華的女人才會時常對生活有所不滿。如果她愛丈夫的話，睡在地板上也可以。」但是把幸福寄託在別人身上是很辛苦的，因為很難找到對象來回報他們的愛。

再不幸的愛情也有過幸福的時光，因為戀人總有忘我的時刻。就像葛利安與瑪儂那樣，男人為女人犧牲一切，即使被欺騙，也有一種痛苦的快感。但確實，人類最大的幸福，莫過於彼此相愛又毫無保留地付出，至死方休。

如果我們熱愛的對象很脆弱，那自己免不了也會受傷。不管那對象是女人、孩子還是國家，都會受到命運之神的嫉妒，而得到悲慘的結局。命運折磨他，無論他有多強壯。那怕他多有權勢，都會感到挫敗，並祈求上天原諒他。無論他多勇敢，多不畏苦難，都無法度過這一關。他被命運牢牢掌控了。他在熱愛中所感受到狂亂與煩躁，遠遠大於自己生病或失敗所帶來的痛苦。

生病時，我們被身體的病痛折磨，高燒不退、體力耗盡，再也無反抗之力。但戀愛的人，體力精神都完滿無缺，所以更加痛苦。但他完全幫不了對方，寧願自己代替她受苦。但疾病是殘酷，冷峻又霸道的，它會緊抓著自己選中的犧牲者。戀人中有一方沒有受到這苦難的話，就會以為自己不夠愛對方，心裡還會有罪惡感。這是人類苦難中最殘酷的一種。

斯多葛派又怎麼面對這種情況呢？他們不是說過，把自己的命運和脆弱的人緊密相連，那無異於瘋子的行為。蒙田也不願意把放大家的事放在「肺腑之中」。雖然如此，如果生病的人是他的好友鮑埃西，那蒙田也會有深深的罪惡感。

我們不需要否認有這種罪惡感。基督教思想之所以比斯多葛派更深刻，正是由於它承認這種衝突。唯一圓滿的解決辦法，就是全心熱愛永恆的上帝，所以虔誠的信徒總是感受到美妙而持久的幸福。但是就人性上來說，一般人還是會多關注當前的人事物。只要認真地相愛，不要當作一場遊戲，那麼古人留下的生活哲學一定還是有用的。它們有助於我們驅除虛妄的念頭，避免不切實際的猜想，不再相信那些空洞的言論。

現代人之所以得不到幸福，最大的障礙在於，我們都中了理論與抽象公式的毒，不知道要去接觸真實的情感。就此看來，動物與粗獷的人比較幸福，因為他們的欲望更真實。勞倫斯說過：「母牛就是母牛，牠不會自以為是水牛或野牛。」但文明人有如鸚鵡一樣，只會複誦空洞的話語，老是把愛情、怨恨跟病痛掛在嘴上。

這些人會過得不快樂，就是因為心神狂亂、只會空想。這時，藝術家比哲學家更有用，前者能幫助我們重新找回現實感。畢竟，學者得保持客觀，才能找出有效的定理、原則以及可能成立的假設。唯有透過神祕的感知，如藝術、愛或宗教，才能觸及事物本身。唯有超越文字的限制，我們才能產生自信與平靜的心靈，進而創造真正幸福。

畫家看著風景，努力觀察它的美麗之處，目光注視著將描繪的對象，心神好像要飛出來一樣，要抓住這一片美景。藝術家在創作的時候，他感到絕對的幸福。

在《小氣財神》中，狄更斯描寫到一位自私而過得不快樂的老人。他從來沒想到自己能過幸福的生活，但在故事中他愛上幾個人物，而這種感情使他擺脫了那些不切實際的惡意念頭。

當我們在一瞬間窺探到宇宙那神祕的無限之美時，那模糊的山巒、搖曳的叢樹、雲間的飛燕以及窗下的蟲蟻，就會成為我們生命的一部分。當我們的生命又融入到世界的運作時，在那一瞬間，我們直覺感受到宇宙之愛。這就是樂天知命的精神，也是貝多芬《歡樂頌》要傳達的境界。

「你想知道幸福的祕訣嗎？」數個月前，倫敦《泰晤士報》的讀者交流版有一篇奇妙的公告。凡寫信去的人都收到一封回信，裡面寫著《馬太福音》的金句：「你們祈求，就給你們；尋找，就尋見；叩門，就給你們開門。因為凡祈求的，就得著；尋找的，就尋見；叩門的，就給他開門。」

這的確是幸福的祕訣，古人也有同樣的想法，只是用另一種方式表達。他們說，潘朵拉盒子裡的災禍都飛出去之後，裡面還剩下「希望」。因此，求愛的人終會找到伴侶、兩肋插刀的人有朋友，殫精竭慮要創造幸福的人一定能成功。

但幸福只屬於那些努力的人。年輕的時候，我們總是喜歡思索難以解答的問題：「要怎麼找到從各方面來看都值得愛慕的對象呢？怎樣找到毫無缺點、值得信任的朋友呢？哪一種法律才能永遠保障社會安全呢？在何種場合、學會哪種技巧，才能得到幸福？」關於這些人生問題，哪怕是最有智慧的人也無法解答。

然而，哪一個才是關鍵的問題？我希望在這次討論後，大家能夠有較為明確的想法。何處才能找到跟我一樣有缺點的人，一起立下心願，在這變幻無常的宇宙間打造一個可以遮風避雨的地方？

政府該有哪些難能可貴的美德，才能使國家在不完備的制度下長治久安？靠著紀律，我能忘記自己的恐懼與遺憾，但我的精力與時間該奉獻給哪種事業呢？

我能創造的是哪種幸福，又該以哪種愛與情感為出發點呢？

聽完抑揚頓挫的樂章之後，我們還得學習貝多芬的堅持與固執。就如在交響樂的結尾，合唱團反覆高唱激昂的段落，把幸福的主旨再傳達一遍。世界上的事情不可能永遠保持平衡。唯有信仰、哲學與藝術能令人達到暫時穩定的狀態。但世界還在運行，心情就不免再有波動，也就無法保持平衡。但我們應該以同樣的精神再次攀登高峰，自強不息。

所謂的人生，就是對著一個固定的圓心，周而復始地繞著，過程中自己不斷地成長、老去。有這種圓心的人，就能過著幸福的人生。而最美的愛情，分析起來也只是無數細微的衝突，並靠著那永不消失的忠誠，不斷和好。同樣地，若把幸福分解成基本的原子，就可以看見，它是由掙扎與苦惱形成的，但只要懷抱希望，就可以一再超越它們。

最後我要告訴讀者，絕望是沒有幫助的。每當你以為表演不會開始，但命運之神在旁準備已久，等到前台一拉開布幕，就輪到你上場了。

人生第五大問題：如何才能過得幸福？

答：真實的幸福究竟是什麼呢？就是渾然忘我的狀態，如戀人相愛以及詩人所歌詠的宇宙之愛。而藝術能幫助我們重新找回現實感。唯有超越文字的限制，我們才能產生自信與平靜的心靈。現代人之所以得不到幸福，最大的障礙在於，我們都中了理論的毒，不知道要去接觸真實的情感。

莫洛亞大事年表

一八八五年　作者誕生

莫洛亞出生於法國的猶太家庭，那時他的名字叫愛彌爾・黑爾佐（Émile Herzog）。普法戰爭後，法國割地賠款，當地居民面臨抉擇，看要成為德法哪一國的人民，於是愛彌爾祖輩於一八七一年義無反顧地搬到諾曼第的工業小城埃爾伯夫。

一八九三年　八歲

就讀於埃爾伯夫中學附小。

一八九七年　十二歲

就讀於盧昂的高乃依中學。

一九〇一年　十六歲

遇到哲學老師阿蘭，後來他回憶說：「那是石破天驚的一年，他像一股清新的風拂過我以往的生活，吹動奔流的水面。」

一九〇二年　十七歲

高中畢業。

一九〇三年　十八歲

進盧昂第七十四兵團服役一年。

一九〇四年　十九歲

回埃爾伯夫，進自家工廠。阿蘭告訴他，如果有志於寫作，比起當教授，不如進父親的工廠，看看實際的幹活是怎麼一回事，認識真正的法蘭西。

一九〇七年　二十二歲

初次去英國、瑞士旅行。

一九〇九年　二十四歲

認識了第一任妻子斯琴吉維茨（Jeanne-Marie Wandade Szymkiewicz），並於三年後與之結婚。

一九一四年　二十九歲

其女蜜雪兒出生。第一次世界大戰爆發，莫洛亞應徵入伍，擔任英、法兩軍之間的聯絡員。戰爭時發生的事、與同袍海闊天空地閒談，都有詩意般的情調，都讓他感到充實。在這樣的環境下，莫洛亞的寫作動力更強，接觸到人也都很獨特。

一九一八年　三十三歲

出版第一部作品《布朗勃爾上校的沉默》（*TheSilenceof Colonel Bramble*）。後經指揮部的建議，開始用安德烈·莫洛亞這個筆名。安德烈是他表弟的名字，剛戰死沙場，便以此作為紀念；而莫洛亞則是一個村莊的名字。

一九一九年　三十四歲

出版小說《非神非獸》（*Neither Angel, NorBeast*）。

一九二〇年　三十五歲

其子蓋拉德出生。

一九二二年　三十七歲

受台查丹教授的邀請，參加蓬蒂尼「十日會」，結識紀德、莫里亞克、蒙泰朗等名作家，進入文學核心圈。

一九二三年　三十八歲

出版第一部傳記作品：《雪萊傳》。莫洛亞說過，自己的苦悶心情與雪萊的境遇實在相似。

一九二四年　三十九歲

妻子因敗血症去世。

一九二五年　四十歲

父親去世。莫洛亞離開工廠，開始以專職寫作為生。

一九二六年　四十一歲

與卡亞拉維（Simonede Caillavet）結婚，她成為他唯一的祕書。

一九二七年　四十二歲

初次去美國演講。出版《迪斯雷利傳》、《狄更斯研究》。

一九二八年　四十三歲

去劍橋大學演講。出版專著《傳記面面觀》（*Aspectsof Biography*），成為西方第一位寫出現代傳記理論專著的學者。

一九三〇年　四十五歲

赴美執教於普林斯頓大學。出版《拜倫傳》。

一九安一年　四十六歲

出版《利奧泰傳》、《屠格涅夫傳》。

一九三二年　四十七歲

出版《伏爾泰傳》及長篇小說《家庭圈》（*TheFamily Circle*）。

一九三四年　四十九歲

出版《人生五大問題》。

一九三七年　五十二歲

出版《英國史》。

一九三八年　五十三歲

當選為法蘭西學院院士。出版《夏多布里昂傳》。

一九三九　五十四歲

九月，二戰戰火燒向法國，莫洛亞投筆從戎，進入情報總部從事宣傳工作。

一九四〇年　五十五歲

透過ＢＢＣ對英廣播，呼籲英國出兵增援。七月攜妻子前往美國，四處演講，以求保留祖國之尊嚴。

一九四一年　五十六歲

在美國各地演講。出版《蕭邦傳》。

一九四二年　五十七歲

以上尉的身分再次服役，並於次年飛赴阿爾及利亞、摩洛哥等地。

一九四三年　五十八歲

出版《美國史》，同時開始撰寫《法國史》，從歷史的角度闡述法國在西方文明的重要性以及歷史發展。

一九四四年　五十九歲

母親去世。

一九四五年　六十歲

妻子先回國，莫洛亞按照合約在堪薩斯大學講授一學期的法國文學。

一九四六年　六十一歲

結束七年的流亡生活，莫洛亞終於回到了闊別已久的巴黎。

一九四七年　六十二歲

出版《法國史》。去南美巡迴演講，從巴西到阿根廷，從智利到哥倫比亞，歷時兩個月。

一九四九年　六十四歲

在蕭邦逝世一百周年紀念會上發表演說。出版《普魯斯特傳》。

一九五〇年　六十五歲

出版《阿蘭傳》。

一九五二年　六十七歲

出版《喬治．桑傳》。

一九五四年　六十九歲

獲榮譽團二級勳位。出版《雨果傳》。

一九五六年　七十一歲

赴倫敦參加國際筆會（International PEN）的大會。

一九五七年　七十二歲

出版《三仲馬傳》。

一九五九年　七十四歲

出版《弗萊明爵士傳》。

一九六〇年　七十五歲

赴美國演講。

一九六三年　七十八歲

出版評論集《從普魯斯特到卡繆》。

一九六五年　八十歲

七月十日法國國慶日，莫洛亞獲戴高樂總統授予榮譽團一等勳章，表彰其一生在文化學術方面的貢獻。出版《從紀德到沙特》與《巴爾札克傳》，後者是他最後一部傳記作品。

一九六六年　八十一歲

出版《文學生涯六十年》。

一九六七年　八十二歲

去世。最後一部作品為《人生回憶錄》(*Memoirs 1885–1967*)，於一九七〇年出版。

知識叢書 1108

人生五大問題：法國傳記文學大師剖析愛情、教養、友情、社會與幸福的奧祕

Sentiments et Coutumes

作　者—安德烈・莫洛亞（André Maurois）
譯　者—傅　雷
主　編—郭香君
責任編輯—許越智
責任企畫—張瑋之
美術設計—張瑜卿
編輯總監—蘇清霖
董 事 長—趙政岷
出 版 者—時報文化出版企業股份有限公司
一〇八〇一九臺北市和平西路三段二四〇號四樓
發行專線／（〇二）二三〇六—六八四二
讀者服務專線／〇八〇〇—二三一—七〇五
（〇二）二三〇四—七一〇三
讀者服務傳真／（〇二）二三〇四—六八五八
郵撥／一九三四—四七二四時報文化出版公司
信箱／一〇八九九臺北華江橋郵局第九九信箱
時報悅讀網—www.readingtimes.com.tw
綠活線臉書—https://www.facebook.com/readingtimesgreenlife
法律顧問—理律法律事務所　陳長文律師、李念祖律師
印　刷—勁達印刷有限公司
初版一刷—二〇二一年十二月十七日
定　價—新台幣二八〇元
版權所有　翻印必究（缺頁或破損的書，請寄回更換）

時報文化出版公司成立於一九七五年，並於一九九九年股票上櫃公開發行，
於二〇〇八年脫離中時集團非屬旺中，以「尊重智慧與創意的文化事業」為信念。

人生五大問題：法國傳記文學大師剖析愛情、教養、友情、社會與幸福的奧祕／安德烈・莫洛亞（André Maurois）著；傅雷譯.
--- 初版 --- 臺北市：時報文化出版企業股份有限公司，2021.12
面；14.8×21公分. ---（知識叢書 1108）
譯自：Sentiments et Coutumes
ISBN 978-957-13-9745-0（平裝）　1.成功法　2.幸福

177.2　　110019427

作家榜经典文库®

ISBN 978-957-13-9745-0　Printed in Taiwan